AUTORA: HELEN BROWN

EDICIÓN: FRANCES EVANS

DISEÑO GRÁFICO: DERRIAN BRADDER

DISEÑO DE LA CUBIERTA: ANGIE ALLISON

♥ ♥ ♥ ♥ ♥ ♥ ♥

MUCHAS GRACIAS A BECCA WRIGHT

♥ ♥ ♥ ♥ ♥ ♥

ADVERTENCIA: Este libro no procede de relación contractual alguna con BLACKPINK, ni ha sido aprobado
por BLACKPINK ni por ninguno de sus editores o licenciatarios.

Primera edición: enero de 2020
Primera edición en esta presentación: julio 2025
Segunda edición en esta presentación: febrero 2026

© Editorial Planeta, S. A., 2020
Av. Diagonal, 662-664, 08034 Barcelona (España)
Libros Cúpula es marca registrada por Editorial Planeta, S. A. www.planetadelibros.com

ISBN: 978-84-480-4349-0
D. L: B. 7.972-2025

Impresión: TG Soler
Impreso en España – Printed in Spain

El papel utilizado para la impresión de este libro está calificado como papel ecológico
y procede de bosques gestionados de manera sostenible.

LA GIRL BAND Nº1 DEL K-POP

BLACKPINK

LIBROS CÚPULA

ÍNDICE

ASÍ NACIÓ EL GRUPO

Cuando Jisoo, Jennie, Rosé y Lisa debutaron como grupo en 2016, llamaron la atención de personas de todo el mundo. Desde entonces, su carrera ha ido viento en popa. Han batido récords mundiales y han hecho historia. Antes de conocerse, las chicas ya habían experimentado el éxito por separado, pero la poderosa e inspiradora música que crearon juntas fue el comienzo de un nuevo capítulo.

Lo primero que tuvieron que hacer fue elegir un nombre para la banda, uno que enviara un potente mensaje al mundo. Sus fans comprendieron que la original denominación por la que se inclinaron —BLACKPINK— era una declaración de intenciones en clave feminista. Puesto que el color rosa suele asociarse con la feminidad, el hecho de combinarlo con el color más oscuro de todos, el negro, suponía un cuestionamiento sutil de dicho estereotipo por parte de la formación.

Para el sello del grupo, YG Entertainment, el nombre elegido reflejaba el hecho de que estas cuatro mujeres fuertes e inteligentes representaban no solo la belleza, sino también el talento con mayúsculas. Como dice Jennie en los primeros versos de *Ddu-Du Ddu-Du*, «Parezco dulce, pero no me comporto con dulzura» («*I may look sweet, but I don't act like it*»).

BLACKPINK fue el primer grupo femenino que debutaba de la mano de YG Entertainment en seis años. Anteriormente, 2NE1 había vendido 66,5 millones de discos y había sido uno de los grupos de chicas más exitosos y populares de Corea del Sur. Hasta que en 2023 lanzaron a las BabyMonster, BLACKPINK era la única banda femenina de la agencia. Las chicas estuvieron representadas por Jung Bo-kyung hasta ese momento. YG sigue llevando al grupo, pero cada una de ellas tiene su propio equipo de representación para sus carreras en solitario.

BLACKPINK IN YOUR AREA
BLACKPINK IN YOUR AREA
BLACKPINK IN YOUR AREA
BLACKPINK IN YOUR AREA
BLACKPINK IN YOUR AREA
BLACKPINK IN YOUR AREA
BLACKPINK IN YOUR AREA
BLACKPINK IN YOUR AREA

¡PREGUNTA!

¿Cuáles son las tres principales agencias de k-pop de Corea del Sur?

Respuesta: SM Entertainment, JYP Entertainment y YG Entertainment

El sencillo con el que debutaron las BLACKPINK, *Square One*, se publicó el 8 de agosto de 2016. *Whistle* y *Boombayah* alcanzaron las dos primeras posiciones de la lista de canciones internacionales más descargadas de *Billboard*. BLACKPINK es la marca musical que menos tiempo ha tardado en alcanzar semejante hito. Además, en agosto de 2016 el tema *Whistle* encabezó las categorías digital, descarga, *streaming* y móvil de la lista Gaon, el *ranking* de popularidad musical de Corea del Sur. Por si todo esto fuera poco, la banda alcanzó el número uno del *ranking* de vídeos de música k-pop publicado por el portal web de música en *streaming* más importante de China, QQ Music.

Seis días después, *Inkigayo*, un programa de música de la cadena surcoreana SBS, emitía el debut televisivo de las BLACKPINK. Las chicas interpretaron las dos canciones de su disco y conquistaron el primer puesto. Este éxito se produjo solo trece días después del debut del grupo. ¡Un nuevo récord para BLACKPINK!

Las BLACKPINK tenían el talento necesario para introducirse en el mercado internacional. En octubre de 2018, YG Entertainment se asoció con Interscope Records y Universal Music Group para representar a la banda fuera del continente asiático. Unos meses después, BLACKPINK debutó en la televisión norteamericana con actuaciones en los programas *The Late Show with Stephen Colbert* y *Good Morning America*.

¿Sabías que…

en 2019, BLACKPINK actuó en el programa de James Corden *The Late Late Show*? El presentador del *talk-show* estadounidense las encontró tan magníficas que durante ese día convirtió su Twitter en una cuenta dedicada a los fans del grupo.

Además de sus pasos de baile épicos y de sus bonitas voces, todas las componentes del grupo tocan algún instrumento. ¡En algunos casos, hasta dos instrumentos! Jisoo toca la batería y la guitarra; Jennie, el piano y la flauta; Rosé, el piano y la guitarra, y Lisa, el ukelele. Este talento, que las chicas exhiben en YouTube, las diferencia de otros grupos de k-pop y las hace aún más accesibles para sus seguidores (conocidos como Blinks).

Entre todas hablan cinco idiomas con soltura: chino, inglés, japonés, coreano y tailandés. Esta capacidad de comunicarse con todo el mundo es otra de las fortalezas que unen a nuestras chicas.

«Somos un grupo con raíces multiculturales y, como tal , tenemos la ventaja de poder usar los idiomas con libertad… Creo que nuestra música le gusta a todo el mundo, al margen de la raza, edad o género.»
– Lisa, 2019

JISOO
Lead vocalist (segunda vocalista), *visual*

JENNIE
Main rapper (rapera principal), *vocalista*

ROSÉ
Main vocalist (vocalista principal), *lead dancer* (segunda bailarina)

LISA
Main dancer (bailarina principal), *lead rapper* (segunda rapera), subvocalista, *maknae*

♥ ♥ ♥ ♥ ♥ ♥

Maknae es el término que se emplea para designar al miembro más joven de un grupo de k-pop.

♥ ♥ ♥ ♥ ♥ ♥

♥ ♥ ♥ ♥ ♥ ♥

Visual es el término que se emplea para designar al miembro físicamente más atractivo de un grupo de k-pop.

♥ ♥ ♥ ♥ ♥ ♥

JISOO

« **Nunca me planteo que algo no sea posible.** »

Nombre:
Kim Ji-soo

Alias:
Jisoo, Chi Choo, Jichu

Fecha de nacimiento:
3 de enero de 1995

Signo del zodiaco:
Capricornio

Lugar de nacimiento:
Gyeonggi, Corea del Sur

Altura:
1,62 metros

Estudios:
Escuela de Artes
Escénicas, Seúl

Idiomas:
Coreano, japonés,
nociones de chino

**Primeros pasos
profesionales:**
En 2011 firmó un contrato de
aprendizaje con YG Entertainment

**Incorporación
a BLACKPINK:**
Fue la tercera artista en ser
anunciada al público el 15 de junio
de 2016

«No hagas lo que la gente te diga, toma las riendas y haz lo que te guste a ti por propia iniciativa.»

JISOO
JISOO
JISOO
JISOO
JISOO
JISOO
JISOO
JISOO

«Todos los de la agencia fuimos a ver un concierto juntos y [alguien me preguntó]: "¿Alguna vez has pensado en intentar ser famosa?". Pero, como aún no habían dicho oficialmente que estaba de aprendiz, tuve que decir que no me interesaba.»

PRIMEROS AÑOS

Kim Ji-soo, alias Jisoo, nació en Gunpo, una pequeña localidad de la provincia surcoreana de Gyeonggi. Estudió en la Escuela de Artes Escénicas y es bilingüe. Habla coreano, japonés y tiene nociones de chino, pero es la única componente del grupo que no domina el inglés.

De sus padres no se sabe mucho, pero dicen que él es el director ejecutivo de Rainbow Bridge World, la empresa surcoreana del sector del entretenimiento que lleva al grupo femenino Mamamoo. Jisoo tiene dos hermanos mayores, chico y chica. Son una familia muy unida: Jisoo ha hablado a menudo de su niñez y recuerda cuando jugaba con sus hermanos. Lo que más le gustaba era jugar con las peonzas de Beyblade en compañía del mayor.

LOS COMIENZOS

A Jisoo le gusta cantar desde que era niña. Solía cantar y bailar en las reuniones familiares, y los elogios que le dedicaban la animaron a probar suerte con la música profesional. Así fue como empezó a presentarse a pruebas.

A los dieciséis años entró en YG Entertainment como aprendiz. Concretamente, en agosto de 2011. En 2017, en el programa de entrevistas surcoreano *Radio Star*, dijo que había sido abordada por SM Entertainment cuando se encontraba en un concierto de YG Entertainment. Sin embargo, como ya había firmado un contrato con YG, no pudo aceptar la oferta de convertirse en *trainee* (aprendiz) de SM.

Era evidente que Jisoo tenía madera de estrella, presencia y talento. Trabajó muchas horas para llegar a la cima y, antes de ser presentada como tercera componente de BLACKPINK, en 2016, pasó cinco años formándose en el seno de YG Entertainment.

«Antes de debutar solo queríamos salir al escenario y tener fans. Pensábamos: "¿Gustaremos?".»

Ahora, Jisoo se siente responsable de lograr que el grupo cumpla con las expectativas de los Blinks, esos seguidores que las quieren y las apoyan sin tregua. Para conseguirlo, se centra en distintos aspectos de los espectáculos del grupo. Ella sabe que, por mucho que lo preparen todo al milímetro, nunca pueden estar seguras de que un concierto vaya a salir perfecto.

CONFIANZA, CARISMA, ENCANTO

Jisoo ha ganado confianza en sí misma y, como decana del grupo que es, lleva la batuta en muchas de sus entrevistas y conciertos.

Es la mayor del grupo, pero tiene todos los atributos de la benjamina: es muy payasa y le gusta reírse de sí misma. Los Blinks explotan de entusiasmo cuando la ven en los programas musicales de televisión, porque su luminosa y divertida personalidad traspasa la pantalla.

JISOO
JISOO
JISOO
JISOO
JISOO
JISOO
JISOO
JISOO

¿Sabías que…

Jisoo es la única componente del grupo que no ha llorado de felicidad en una entrega de premios? Lo cual no quiere decir que sea fría. Como dicen las chicas, Jisoo también tiene un lado tierno y emotivo.

CARRERA EN SOLITARIO

MÚSICA

Una vez concluida la gira Born Pink World Tour de BLACKPINK en 2023, a Jisoo le picó el gusanillo de lanzar su carrera como solista. En febrero de 2024, anunció su salida de YG Entertainment y creó su propio sello discográfico y agencia de *management* a los que llamó Blissoo. Durante un *livestream* en diciembre, confirmó que los preparativos de su siguiente lanzamiento estaban casi terminados y reveló que tendría más canciones que su debut *Me* (2023), que constaba tan solo de dos pistas. El 28 de enero de 2025, Jisoo anunció que había firmado un contrato discográfico global con Warner Records.

ME (2023)

Álbum sencillo de dos canciones editado todavía en YG. Es una composición de dance pop y trap que incorpora instrumentos tradicionales coreanos y producción caribeña. Habla de temas románticos, como la superación de una relación tóxica, pero también del autodesarrollo de Jisoo como persona. Está compuesto por sus colaboradores habituales, 24 y R. Tee. Con el *single Flower* en la cara A y *All Eyes on Me*, en la cara B.

AMORTAGE (2025)

EP de debut en su propio sello Blissoo y con distribución internacional de Warner. Es el más continuista con la banda, no solo por forma, pues es el que más se englobaría dentro del género k-pop, con un estilo más cercano al hyperpop, sino también por el contenido, pues solo incluye cuatro cortes, que han sido coescritos por ella misma, dos en koreano y dos en inglés. El título es una composición de dos palabras «amor» del latín y «montage» del inglés, y que, según ella misma explica, representan los temas del disco: «Las etapas emocionales del amor y los momentos decisivos de una relación».

INTERPRETACIÓN

Es la componente que más se ha volcado en su carrera como actriz. Empezó su andadura en un capítulo de *Aseudal Chronicles* en 2019. En 2023 tuvo un cameo como hada tradicional coreana en la película *Dr. Cheon and Lost Talisman* de Kim Seong-sik. Fue entonces cuando arrancó en serio su carrera como actriz. Después de protagonizar varias series de televisión, en 2025 estrena la película *The Prophet: Omniscient Reader* de Kim Byung-woo, basada en el *webtoon Lector omnisciente*, y se encuentra preparando una nueva serie de *romcom* como protagonista, *Boyfriend on Demand*, sobre las aplicaciones de citas.

Series de televisión

NEWTOPIA (2025)

Una pareja que acaba de romper su relación intenta reunirse después de que un brote de zombis siembre el caos en Corea del Sur. Amazon Prime adquirió los derechos de difusión en España.

SNOWDROP (2021-2022)

Con la lucha democrática coreana de junio de 1987, que acabó con la dictadura en el país, como telón de fondo. Se nos presenta una historia en tono de comedia negra en la que Jissoo encarna a una estudiante de universidad que esconde en su habitación a un joven que encuentra cubierto de sangre, poco a poco se va convirtiendo en una historia de amor. La serie se puede ver en España en Disney+.

CONSEJOS DE JISOO PARA LA VIDA

«No se puede ignorar la verdad de la vida.»

«La vida es estar ahí en el momento oportuno.»

«La vida no es fácil, hay muchas encrucijadas… Nuestra vida es así.»

¿QUÉ DICEN DE ELLA LAS CHICAS?

Como componente del grupo, Jisoo es muy segura de sí misma.
Siempre está haciendo reír a las chicas
y tiene fama de ser la animadora del grupo.

JENNIE

Jennie dice que si fuera chico
saldría con Jisoo,
porque la hace reír.

LISA

«Jisoo es divertidísima. Cuando estoy con ella,
siempre estoy contenta y no paro de reír.»

A Jisoo le gustan mucho los perros
y tiene un bonito bichón maltés blanco que se
llama Dalgom; también le llaman Dalgomie.

Por la noche se
abraza a él para
intentar aliviar su
parálisis del sueño y
sus pesadillas.

Según el último
dato, Jisoo tenía
un total de nueve
piercings, cuatro
en la oreja
izquierda y cinco
en la derecha.

Ha reconocido que es la que
peor baila del grupo. Dice que
como bailarina aún no está a
la altura. «Cuando ensayamos,
bailo mejor», añade.

Dedica su tiempo libre
a jugar a videojuegos;
le gusta jugar
con Jennie.

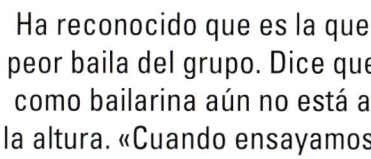

DIEZ COSAS QUE DEBERÍAS SABER SOBRE JISOO

Dice que es capaz de sostener
cualquier cosa sobre su cabeza
(¡salvo a su perro, Dalgom!).

Jisoo es muy polifacética.
Toca la batería y el piano y ha
empezado a practicar taekwondo.

Está obsesionada con Pikachu (el personaje
ficticio de Pokémon). Tiene muchos artículos
basados en esta figura, como un sombrero,
un disfraz y muchos muñecos de peluche.

Le encanta leer; tiene fama
de ser la lectora del grupo.
Una vez dijo que cuando lee
un libro siente «una pequeña
alegría» dentro de sí.

No le gustan todos los animales,
los roedores le dan miedo. Los que
más le asustan son los conejos
y los hámsteres (cuando era pequeña
la mordió uno de estos últimos).

LOS BLINKS

BLACKPINK tiene cientos de miles de seguidores, que además se cuentan entre los más entusiastas del mundo.

«La palabra "Blink" viene de las primeras y últimas letras de "BL-ACKP-INK", y significa que estamos juntas de principio a fin.»
— BLACKPINK, 2016

La frase más reconocible de la letra de la canción con la que debutó el grupo, *Boombayah*, es «BLACKPINK in your area» [«BLACKPINK en tu zona»]. Las chicas la suelen usar en Twitter para informar a sus fans de los conciertos previstos. Jennie dice que para la banda es «un privilegio» encabezar el movimiento k-pop.

«Recibir tanto amor es todo un honor para nosotras; no queremos acostumbrarnos.»
— Jennie, 2018

Dicen las chicas que la creación de su club de fans ha sido una de las cumbres de su carrera; nunca en su vida habrían podido imaginar que su música iba a llegar a tanta gente de todo el mundo. Sus propias raíces son multiculturales: proceden de Nueva Zelanda, Australia, Tailandia y Corea del Sur. Además, Jennie, Lisa y Rosé hablan inglés con soltura, lo que ha ayudado a los fans de fuera de Asia a conectar con el grupo y sentirse más cercanos a ellas.

El hecho de que puedan entenderse y comunicarse adecuadamente con los Blinks es un factor clave en el éxito de BLACKPINK. Las chicas usan el inglés para hablar con sus fans extranjeros y para acercarlos a la cultura de Corea del Sur. Conocen y respetan todas las culturas con las que conectan y animan a los fans a tener en cuenta estas diferencias, y a mostrar consideración por ellas.

Este carácter inclusivo también se refleja en los conciertos del grupo. BLACKPINK ha mostrado su apoyo a su público LGBTQ+ enarbolando la bandera arcoíris durante una gira por Filipinas. Como en Corea del Sur aún no hay reconocimiento legal para el matrimonio entre personas del mismo sexo, estos pequeños gestos hacen que todos los fans se sientan aceptados, orgullosos y queridos por el grupo.

¡PREGUNTA!

En un *reality show*, las BLACKPINK muestran la trastienda de su trabajo a los Blinks. ¿Cómo se llama el programa?

CÓMO ACERCARSE A LAS CHICAS

Estate siempre preparado

Si llegas pronto a un concierto o te quedas un rato cuando termine, aumentarán tus posibilidades de conocer a las chicas. Y no te olvides de llevar el móvil, por si salta una oportunidad para hacerte un selfi.

Acude a una firma de autógrafos

Las firmas de autógrafos son la mejor manera de conocer a las chicas. Estos eventos suelen ser de dos clases: aquellos en los que se atiende por orden de llegada y aquellos en los que los asistentes son elegidos por sorteo. Consulta las normas porque, a veces, los boletos para el sorteo se reparten entre las cien primeras personas que compran el álbum.

Escríbeles una carta

En las firmas de autógrafos, los fans pueden entregar cartas a las chicas. Algunos Blinks intentan darles regalos, pero las chicas no pueden aceptarlos porque podría considerarse un soborno. A principios de 2019, un *blink* le ofreció a Jennie un cerdito de juguete y ella lo aceptó mientras le conminaba a guardar silencio con un gesto, como diciendo que aquello debía quedar entre ellos.

Hazte notar o renuncia

En los conciertos, hazte notar gritando mucho. En marzo de 2019, durante un concierto que se estaba celebrando en Manila, Filipinas, un miembro del público pidió en matrimonio a Jennie a gritos. Ella respondió señalándose el dedo anular, como diciendo que quería un anillo.

Reconoce cuándo debes retirarte

¿Selfi? Hecho. ¿Declaración de amor por las BLACKPINK? Hecho. Vale, ya puedes dejar que las chicas se vayan a su siguiente cita. Algunos Blinks pueden ser muy problemáticos

en un concierto. Con invasiones del espacio y asaltos a la intimidad, por ejemplo. Es mucho más agradable conocer a las chicas como ellas quieren hacerlo.

♥ ♥ ♥ ♥ ♥ ♥ ♥

«Estamos enormemente agradecidas a nuestros fans de todo el mundo por su amor y su apoyo.»
— Jisoo, 2018

♥ ♥ ♥ ♥ ♥ ♥ ♥

«Nos hace felices pensar que hemos forjado un vínculo con los fans.»
— Jennie, 2018

♥ ♥ ♥ ♥ ♥ ♥ ♥

«Desde luego, agradecemos mucho el hecho de que haya tanta gente pendiente de nuestra música y de nuestros conciertos.»
— Rosé, 2018

♥ ♥ ♥ ♥ ♥ ♥ ♥

«Gracias, Blinks de todo el mundo, por no dejar de aplaudirnos y jalearnos.»
— Lisa, 2018

CUENTAS QUE SEGUIR

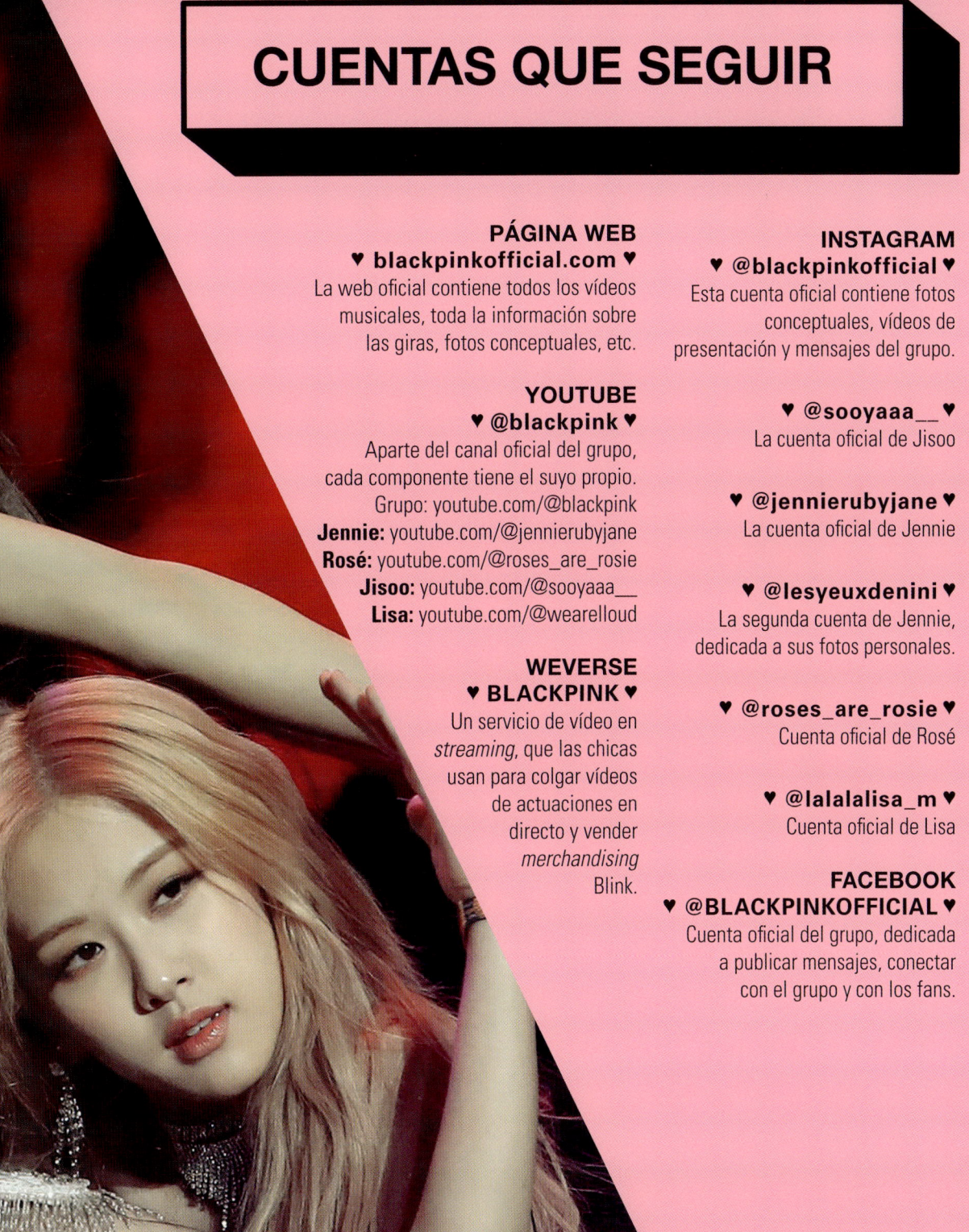

PÁGINA WEB
♥ **blackpinkofficial.com** ♥
La web oficial contiene todos los vídeos musicales, toda la información sobre las giras, fotos conceptuales, etc.

YOUTUBE
♥ **@blackpink** ♥
Aparte del canal oficial del grupo, cada componente tiene el suyo propio.
Grupo: youtube.com/@blackpink
Jennie: youtube.com/@jennierubyjane
Rosé: youtube.com/@roses_are_rosie
Jisoo: youtube.com/@sooyaaa__
Lisa: youtube.com/@wearelloud

WEVERSE
♥ **BLACKPINK** ♥
Un servicio de vídeo en *streaming*, que las chicas usan para colgar vídeos de actuaciones en directo y vender *merchandising* Blink.

INSTAGRAM
♥ **@blackpinkofficial** ♥
Esta cuenta oficial contiene fotos conceptuales, vídeos de presentación y mensajes del grupo.

♥ **@sooyaaa__** ♥
La cuenta oficial de Jisoo

♥ **@jennierubyjane** ♥
La cuenta oficial de Jennie

♥ **@lesyeuxdenini** ♥
La segunda cuenta de Jennie, dedicada a sus fotos personales.

♥ **@roses_are_rosie** ♥
Cuenta oficial de Rosé

♥ **@lalalalisa_m** ♥
Cuenta oficial de Lisa

FACEBOOK
♥ **@BLACKPINKOFFICIAL** ♥
Cuenta oficial del grupo, dedicada a publicar mensajes, conectar con el grupo y con los fans.

JENNIE

« **BLACKPINK es el número uno.** »

Nombre:
Kim Jennie

Alias:
Jennie, Jendeukie,
Human Chanel, Nini

Fecha de nacimiento:
16 de enero de 1996

Signo del zodiaco:
Capricornio

Lugar de nacimiento:
Gyeonggi, Corea del Sur

Altura:
1,63 metros

Estudios:
ACG Parnell College,
Nueva Zelanda

Idiomas:
Coreano, japonés, inglés

**Primeros pasos
profesionales:**
En 2010 firmó un contrato de
aprendizaje con YG Entertainment

**Incorporación a
BLACKPINK:**
Fue la primera artista en ser
anunciada al público, el 1 de junio
de 2016

> «Al principio, mis amigos me ayudaban y compartían sus notas conmigo. Ahora tengo más soltura con el inglés.»

JENNIE
JENNIE
JENNIE
JENNIE
JENNIE
JENNIE
JENNIE
JENNIE

> «Después de todo lo que me apoyó mi madre, me volví a Corea, dispuesta a labrarme un futuro con mi música favorita.»

PRIMEROS AÑOS

Kim Jennie, alias Jennie, nació en Gunpo, un pueblo cercano a Seúl y situado en la provincia surcoreana de Gyeonggi. Jennie pertenece a una familia de grandes trabajadores: su madre es responsable de una empresa de comunicación y su padre es dueño de un hospital. Y, como es hija única, sus compañeras de BLACKPINK son como hermanas para ella, sobre todo Jisoo, de la que es muy amiga. Jennie es trilingüe: habla japonés, coreano e inglés con fluidez.

Cuando tenía nueve años, la enviaron a proseguir sus estudios en la ciudad neozelandesa de Auckland (Nueva Zelanda), durante cinco años. Debutó en la pantalla en el documental de 2006 *English, Must Change to Survive*, y habló sobre la experiencia que supuso para ella aprender inglés, así como sobre su vida en Nueva Zelanda.

LOS COMIENZOS

En Nueva Zelanda, Jennie escuchaba mucho k-pop y empezó a soñar con ser artista. Le dijo a su madre que quería dedicarse a la música y en 2010 volvió a Seúl. Ese mismo año, pasó una prueba con YG Entertainment y firmó un contrato de aprendizaje para los seis años siguientes.

Durante este tiempo, Jennie se convirtió en una de las aprendices más conocidas de YG Entertainment y colaboró en temas de otros grupos. Los fans repararon en ella en 2012, cuando apareció en el vídeo que grabó G-Dragon para la canción *That XX*. También colaboró en trabajos de otros artistas de YG Entertainment, como *Special*, de Lee Hi.

En 2016 pasó a ser la rapera principal y vocalista de BLACKPINK. Cuando se confirmó su incorporación oficial al grupo, los fans recibieron con alborozo la noticia de que Jennie iba a debutar por fin.

ENAMORADA DE LA MODA

Jennie es la componente más *fashion* del grupo. Se deja ver por los desfiles vestida de Gucci, Lanvin, Chanel y Givenchy. En octubre de 2018 acudió a su primer desfile de Chanel, el cual se celebró durante la Semana de la Moda de París. Se sentó en primera fila junto a Pharrell Williams y Pamela Anderson.

VOLANDO SOLA

En octubre de 2018 se anunció oficialmente su debut en solitario. Jennie presentó al público el tema *Solo* en Seúl, durante la gira mundial de BLACKPINK In Your Area, como anticipo al lanzamiento del 12 de noviembre. *Solo* fue la demostración del talento de Jennie como rapera y como cantante. También fue el tema que la convirtió en un

icono de la moda: ¡en los tres minutos que dura el vídeo, luce más de veinte modelos distintos! Jennie fue la primera miembro del grupo que publicó un disco en solitario. Además, para su sorpresa, el tema alcanzó el número uno del *ranking* de canciones internacionales más descargadas (World Digital Song Sales Chart) de *Billboard*.

> **«Como cada una tiene su propia personalidad y sus propios gustos en música y estilo, está bien que podamos mostrar nuestras capacidades personales a través de proyectos en solitario.»**
>
> JENNIE
> JENNIE
> JENNIE
> JENNIE
> JENNIE
> JENNIE
> JENNIE
> JENNIE

¿Sabías que…

en junio de 2018, Jennie fue presentada como embajadora de la marca de Chanel para Corea del Sur?

CARRERA EN SOLITARIO

MÚSICA

Después de la gira de 2022/2023, Jennie también relanzó su carrera como solista; para ello, a finales de 2023 montó su propia agencia y sello discográfico, Odd Atelier, y firmó un contrato de distribución con el subsello de Sony, Columbia. En marzo de 2024, publicó el *single Slow Motion* con Matt Champion, incluido en el álbum de este, *Mika's Laundry*. Y en abril de ese mismo año, *Spot!* junto a Zico de Block B.

Sencillos

YOU & ME (2023)

Aunque finalmente se publicó en octubre de 2023 en YG, la canción se estrenó un año antes, en el primer concierto de la gira Born Pink, y su creación se remonta mucho tiempo atrás, pues iba a ser su *single* de debut, aunque al final ese honor se lo llevó *Solo*. Es un tema de EDM, aunque para su actuación en Coachella en 2023 incorporó un nuevo verso de rap y un toque más *hiphopero*. La canción habla de dejarse llevar en el amor.

MANTRA (2024)

En octubre de 2024, justo un año después de *You & Me*, publica el primer *single* bajo su propio sello y es su versión del pop brat. Se trata de un tema de dance pop que incorpora elementos de R&B y Miami bass y en el que participa El Guincho en la producción. Es una canción que rinde homenaje a la vida sin dramas y que, en sus propias palabras, describe como «un himno feminista, divertido y optimista que celebra el *girl power* e inspira a todas las mujeres a brillar de su propia manera y con confianza».

LOVE HANGOVER (2025)

La canción se creó en colaboración con el cantante y rapero estadounidense Dominic Fike, y se publicó a finales de enero de 2025. Desde las primeras notas se intuye la inspiración en el tema homónimo de Diana Ross, y se trata de un medio tiempo con toques de soul retro. La canción habla de la «agitación emocional de una atracción irresistible pero tóxica» en una especie de toma y daca con Dominic, y relata la lucha por liberarse de una conexión que no se puede romper.

EXTRAL (2025)

Junto con Doechii, estrenó a finales de febrero de 2025 esta canción de hiphop producida por Dem Jointz. La letra de la canción es un canto a la mujer empoderada. Jennie y Doechii la utilizan para celebrar su éxito y rapear muy dinámicamente sobre el cambio de hombres y preocupaciones por dinero y coches rápidos.

Interpretación

También ha hecho sus pinitos como actriz en la serie de HBO de The Weeknd, *The Idol*, donde también participó en la banda sonora, incluyendo el *single One of the Girls*, junto al canadiense y Lily-Rose Depp, la otra protagonista de la serie.

Álbum

RUBY (2025)

Fue publicado en marzo de 2025 y casi en su totalidad fue grabado en inglés. Contiene colaboraciones de lujo junto a Childish Gambino, JKF o Kali Uchis. En conjunción con la publicación del álbum, se publicaron dos *singles*: *like JENNIE*, en el que colabora Diplo en la producción, y *Handlebars*, junto a Dua Lipa. Incluye los tres *singles* anteriores, *Mantra*, *Love Hangover* y *ExtraL*, y además de los ya mencionados destaca otro colaborador, el productor Mike Will Made It. La canción *with the IE (way up)* samplea *Watch Out Now* de The Beatnuts, que es el mismo que se utilizó en *Jenny from the Block* de J.Lo, como haciendo un guiño con su nombre, por cierto, que esa canción estaba escrita por un español, Fernando Arbex. Existe también una versión del álbum sin artistas invitados subtitulada *JENNIE only audio*. El álbum se inspira en la obra de William Shakespeare *Como gustéis* y trata temas como el nacimiento, el amor, la fe y el apogeo. Presentó el álbum en el Coachella de abril de 2025, donde subió a Kali Uchis al escenario para cantar juntas *Damn Right*. Era la tercera vez que actuaba en el festival del desierto californiano, dos con la banda y una en solitario, entre el público se pudo ver apoyando su actuación a Lisa, que también actuaba otra de las noches, y a Rosé.

LA GRATITUD DE JENNIE

«Lo agradezco mucho.»

«Con cuatro miembros, no hay quien pueda con BLACKPINK.»

«Vamos a seguir trabajando duro para seguir sintiéndonos queridas y apoyadas por nuestros fans.»

¿QUÉ DICEN DE ELLA LAS CHICAS?

Jennie es la que mantiene al grupo unido. Dicen que el «black» de BLACKPINK la representa a ella. Le gusta vestir de negro, un color que refleja su atrevida personalidad escénica.

LISA

«¡Jennie es la más *cool*! Pero, a veces, alcanzo a ver un poco de su lado tierno y entonces es una monada.»

JISOO

«Cuando entré en el grupo, conecté con Jennie. Como bailarina, rapera y cantante es más que buena. Es muy polifacética. Ella es la que toma las decisiones en el grupo.»

30

Jennie hizo historia cuando *Solo* la convirtió en la primera artista femenina de k-pop en alcanzar el número uno de la World Digital Song Sales Chart (lista de canciones internacionales más descargadas) como *lead artist*. Además, en las veinticuatro horas después de su lanzamiento, se convirtió en el vídeo musical de una solista femenina más visto en la historia del k-pop.

Por votación popular, Jennie fue reconocida como uno de los rostros más bellos de 2017.

Le gusta hacer fotos con cámaras antiguas.

No le gusta viajar. Se marea.

Tiene dos perros, Kai y Kuma. Kai, un *cocker spaniel* blanco, es tímido y no muy juguetón; el pomerania Kuma es más extrovertido.

DIEZ COSAS QUE DEBERÍAS SABER SOBRE JENNIE

Rihanna es la heroína de Jennie. Esta dijo una vez: «Rihanna siempre será mi gran ídolo. Tiene todo lo que me gustaría tener a mí».

Al poco de decir que uno de sus talentos consiste en comer patatas fritas sin hacer ruido, Jennie quedó en evidencia en el programa de variedades *Knowing Brothers*: le ofrecieron una patata frita… y se la comió entre crujidos.

Le encanta el helado con sabor a leche.

Le gusta mucho quedarse en casa con su familia y comer fresas.

31 Sus colores favoritos son… ¡el negro y el rosa!

VIAJE A TRAVÉS DE LA MÚSICA

Desde que debutaron en 2016, las BLACKPINK han publicado muchos discos en los que han exhibido su versatilidad y su talento.

Álbumes sencillos coreanos

SQUARE ONE (2016)

Editado cuando el grupo debutó en 2016, *Square One* fue el primer sencillo del grupo. Los dos temas que contiene, *Whistle* y *Boombayah*, tuvieron mucho éxito y presentaron al mundo a una nueva generación de estrellas del k-pop.

En Corea del Sur, *Whistle* encabezó la lista Gaon de los temas más descargados. En Estados Unidos, entró en el número dos de la lista *Billboard* de temas internacionales más descargados (World Digital Song Sales Chart), y *Boombayah* entró en el número uno. BLACKPINK se convirtió en la marca musical que menos tiempo había tardado en encabezar este *ranking*, y la tercera que lograba ocupar los dos primeros puestos (Psy y Big Bang lo habían hecho antes que ellas).

SQUARE TWO (2016)

Square Two se publicó ese mismo año de 2016. Este álbum contiene tres temas: *Playing with Fire*, *Stay* y la versión acústica de *Whistle*. *Playing with Fire* fue el segundo sencillo del grupo que llegaba al número uno en la lista *Billboard* de temas internacionales más descargados de Estados Unidos. El álbum ocupó el puesto número 13 en el Top Heatseekers Chart de *Billboard* (lista *Billboard* de temas presentados por nuevos artistas que nunca han estado en el top 50 de los 100 principales) y el número dos del US World Albums Chart.

Miniálbumes coreanos

SQUARE UP (2018)

Primer miniálbum coreano de BLACKPINK, *Square Up*, que contiene cuatro temas: *Ddu-Du Ddu-Du, Forever Young, Really* y *See U Later*. *Ddu-Du Ddu-Du* se mantuvo tres semanas en cabeza de la lista Gaon y también fue el primer sencillo del grupo que se introdujo en el Hot 100 Chart de Billboard (el *ranking* clásico de los 100 principales del mercado estadounidense). Entró en el número 55, su máxima posición. En abril de 2019 el *single* ya era disco de platino por el número de reproducciones en *streaming* y de descargas en el territorio surcoreano.

KILL THIS LOVE (2019)

Segundo miniálbum coreano del grupo, *Kill This Love*, que incluye cinco cortes: *Kill This Love, Don't Know What To Do, Kick It, Hope Not* y el remix de *Ddu-Du Ddu-Du*. Este *maxisingle* obtuvo críticas positivas y llegó a alcanzar el número 24 de la 200 Albums Chart de *Billboard*. *Kill This Love* alcanzó el número 41 del Hot 100 Chart de *Billboard*. Fue el tercer sencillo que el grupo introdujo en esta lista, y también aquel que les permitió batir su propio récord del mayor número de títulos situados en la lista y el récord del sencillo de grupo femenino surcoreano más duradero en la lista.

Álbumes de estudio japoneses

BLACKPINK IN YOUR AREA (2018)

Primer álbum de estudio japonés de la banda. Se publicó en formato digital en noviembre y físicamente, en diciembre de 2018. Incluye versiones japonesas de nueve de los sencillos del grupo: *Boombayah, Whistle, Playing With Fire, Stay, As If It's Your Last, Ddu-Du Ddu-Du, Forever Young, Really* y *See U Later*. El disco alcanzó el número 9 en la lista de álbumes Oricon en su primera semana y el 91 de la lista Top Download Albums de *Billboard Japan*. Mantuvo esta posición durante dos semanas y en la tercera alcanzó el número 77. También entró directamente en el número 12 de la lista Hot Albums de *Billboard Japan* y se colocó en el número 9 de la Top Albums Sales, con un total combinado de 14.710 copias vendidas.

Miniálbumes japoneses

BLACKPINK (2017)

En mayo de 2017 se anunció que BLACKPINK debutaba en Japón ese verano, con un *showcase* (concierto de presentación) en julio, en el estadio Nippon Budokan de Tokio, al que seguiría la publicación de un miniálbum en agosto. Este minidisco incluyó versiones japonesas de seis de los sencillos del grupo: *Boombayah, Whistle, Playing With Fire, Stay, As If It's Your Last* y la versión acústica de *Whistle*. Fue directamente al número uno de la lista diaria de álbumes Oricon y BLACKPINK se convirtió en el tercer grupo no japonés que se ponía en la cabeza de la lista semanal Oricon con un álbum de debut desde 2011.

RE: BLACKPINK (REPACKAGE) (2018)

En marzo de 2018, las chicas lanzaron un *repackage* (edición ampliada) de su primer miniálbum japonés, *BLACKPINK*. Se editaron tres versiones: CD, CD con DVD y versión Playbutton. Al contenido del miniálbum japonés, este disco sumaba algunos directos ofrecidos en el concierto BLACKPINK Premium Debut Showcase, así como una entrevista especial con las chicas y un vídeo de la sesión de fotos que habían hecho para la carátula del álbum.

Otros lanzamientos

SO HOT (THEBLACKLABEL REMIX) (2017)

So Hot es un remix de una canción del grupo surcoreano femenino Wonder Girls. BLACKPINK interpretó este tema en el festival de música SBS Gayo Daejun de 2017 y más tarde lo difundió en SoundCloud y YouTube. Se convirtió en la actuación más vista del SBS Gayo Daejun de 2017 en YouTube, con más de veinte millones de visitas, y también alcanzó la tercera plaza del *ranking* de las Mejores Actuaciones en Directo del evento.

Sencillos

WHISTLE (2016)

Esta canción es una mezcla de composición pop y producción hiphop minimalista. Jeff Benjamin, columnista de *Billboard* especializado en k-pop, ha dicho que *Whistle* «combina pasión melódica y el juvenil ritmo vocal hiphop de las chicas con un *drum'n'bass* mínimo y el innegable gancho que representa el silbido». Es música tranquila y efectista, en la que el motivo del silbido quiere sugerir tanto una invitación a cantar todos juntos como el latido de un corazón. Cuando el vídeo se colgó en YouTube, alcanzó cerca de diez millones de reproducciones en solo cinco días. Este trabajo puso de relieve el talento artístico de las chicas; entre unas coreografías físicamente difíciles, Jennie y Lisa exhibían sus habilidades raperas y Rosé y Jisoo, sus extraordinarias voces.

BOOMBAYAH (2016)

Desde el momento en que Jennie grita «BLACKPINK in your area», queda claro que este tema es un clásico. Con líneas de un bajo retumbante y sirenas aullantes, las chicas ofrecen cuatro minutos de un electropop vertiginoso con un tempo potente. El vídeo está dirigido por Seo Hyun-seung, también responsable de los temas *I Am the Best*, de 2NE1, y de *Fantastic Baby*, de Big Bang. La moda urbana y deportiva que lucen las chicas refleja el concepto que apuntala la canción: «Se nos da bien ser chicas malas». Como dice Lisa al principio, en clave rap: «Tengo calor, necesito un abanico, no quiero un chico, un hombre necesito» [«I'm so hot I need a fan, I don't want a boy, I need a man»].

PLAYING WITH FIRE (2016)

Con su bailable ritmo *funky*, este tema reformula la canción de amor tradicional. La letra, descarnada y profunda, explora los sentimientos del amor y el desamor. Jennie reconoce que para encontrar una conexión con la letra tuvo que acudir a la ficción. La artista explica que «la canción compara el amor con jugar con fuego, pero como nunca [ha] tenido esa clase de experiencia, [ha] intentado entender el amor a través del cine». Jisoo añade que «todas [han] tenido experiencias prestadas».

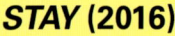

STAY (2016)

Stay saca a la luz un aspecto desconocido de las BLACKPINK. En esta canción, una de las pocas baladas del grupo, el rap de Jennie y Lisa, más suave que de costumbre, se combina con las melodías acústicas de Jisoo y Rosé. En el vídeo, serio y melancólico, las chicas expresan el dolor de estar enamoradas y el desengaño de que la persona amada se vaya. Al final del vídeo lanzan bengalas de colores con la esperanza de que el ser amado vea su luz.

AS IF IT'S YOUR LAST (2017)

As If It's Your Last fue la primera y única canción original que publicaron las chicas en 2017. Fue el tema más interesante y optimista del repertorio que habían ofrecido hasta el momento. Jisoo declaró que hasta entonces el grupo solo había explorado el concepto BLACK y que este sencillo, en cambio, pertenecía al universo PINK. Tenía una melodía enérgica, de inspiración *moombahton*, y una letra apasionada (una fusión de *house* y *reggae*). En el vídeo, las chicas van vestidas con colores vivos y bailan con deleite frente a un fondo amarillo. Más tarde, la canción fue incluida en *Liga de la justicia*, la película de la serie del universo extendido de DC Comics.

DDU-DU DDU-DU (2018)

Este himno que batió récords contiene una contundente letra rap y un dinámico ritmo trap. Fue un soplo de aire fresco para el sonido del género, y la mezcla de rap, de elementos trap y de feroces coreografías envió un mensaje al mundo: ha llegado BLACKPINK. Desde el momento en que aparece Jennie, sentada en un trono posado sobre un tablero de ajedrez gigantesco, el vídeo irradia *girl power* y confianza en una misma. Seguidamente vemos a Lisa empuñando un martillo de color rosa, mientras a su espalda llueve el dinero. Rosé se columpia en una lámpara de araña inalcanzable, y Jisoo, fiel a su audaz estilo, luce una peluca rosa. Las chicas no hicieron *Ddu-Du Ddu-Du* pensando en las listas de éxitos. Como dice Jennie, «nos preocupaba que a los fans no les gustara este nuevo concepto más duro. Pero ahora ya nos atrevemos a seguir probando cosas nuevas».

KILL THIS LOVE (2019)

Este número uno causó sensación por su inspirador contenido: «El título habla por sí mismo. Es una canción que empodera». El tema habla de romper con el amor tóxico, el amor que hiere, que te hace vulnerable y débil. Cantan las chicas: «Me obligo a cubrirme los ojos, debo acabar con este amor». Querían decirles a sus Blinks que podían encontrar el amor dentro de sí mismos. Animan a sus fans a encontrar un amor que les haga sentirse cómodos y seguros de sí mismos. Cuando salió en YouTube, el vídeo batió el récord de número de visitas conseguidas en veinticuatro horas: 56,7 millones. Con el tiempo, sumó cientos de millones de clics.

¡PREGUNTA!

¿Qué vídeo musical de BLACKPINK alcanzó más de diez millones de reproducciones después de tan solo cincuenta y dos minutos de su estreno en YouTube, convirtiéndose así en el vídeo de un grupo femenino de k-pop que menos tiempo ha tardado en superar esa cantidad de visitas?

Respuesta: *Lovesick Girls*. Aunque no consiguieron superar a BTS que lograron esa marca en veinte minutos con *Dynamite*.

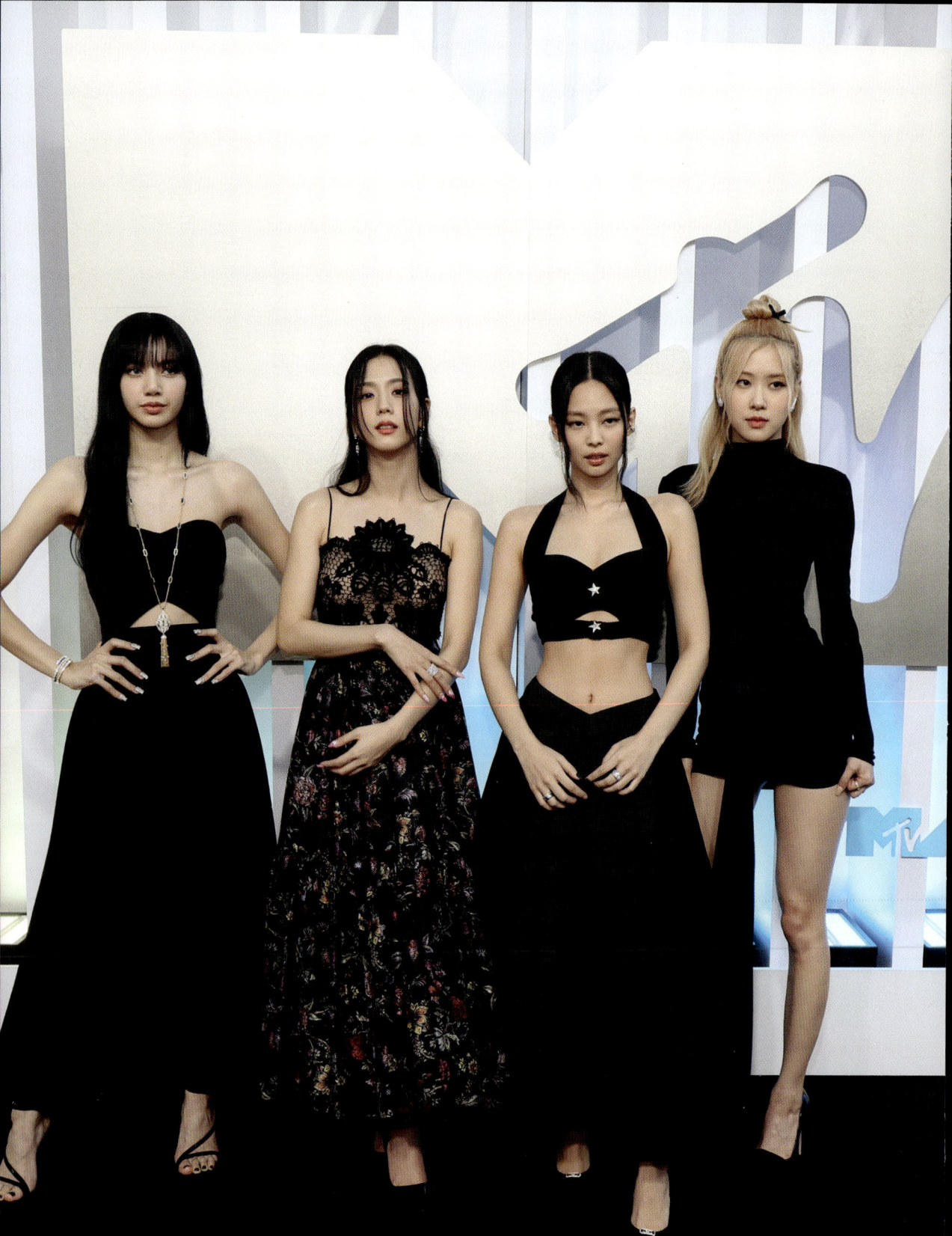

Álbumes de estudio coreanos

THE ALBUM (2020)

Aunque se considera como el primer álbum de estudio coreano, está cantado principalmente en inglés. Se publicó en plena pandemia, en octubre de 2020. Se grabaron más de diez canciones, pero solo ocho se incluyeron en el producto final, entre ellas *Ice Cream*, con Selena Gomez, y *Bet You Wanna*, con Cardi B, que fueron *singles*. En junio de ese mismo año se publicó el primer sencillo, *How You Like That*, en el que no participó ningún invitado y es el tema más escuchado del álbum. Aparte de sus colaboradores habituales, como R. Tee y 24, Ariana Grande aparece en los créditos de *Ice Cream* y David Guetta, Jisoo y Jennie en los de *Lovesick Girls*. En *Pretty Savage*, BLACKPINK narran las críticas negativas que han recibido a lo largo de su carrera, responden a sus *haters* y reinterpretan las críticas como si fuesen halagos. El estilo del disco es una mezcla de EDM, hiphop y trap, pero hay huecos para sonidos orientales en *Crazy Over You* o la balada más minimalista *You Never Know*, donde demuestran todo su poderío vocal. Existe también una versión para el mercado japonés, que cambia *How You Like That*, *Pretty Savage*, *Lovesick Girls* y *You Never Know* por sus correspondientes versiones en su idioma.

BORN PINK (2022)

Publicado en septiembre de 2022, cuenta también con ocho canciones, y extiende su sonido para abrazar otros sonidos como el *stadium rock*, sin abandonar por completo los ritmos que más las caracterizan que son una mezcla de hiphop y EDM. Su segundo álbum internacional también está cantado mayoritariamente en inglés y quiere mostrar un poco más el lado oscuro de la banda. Dos *singles* se utlizaron para promocionarlo. En el primero, *Pink Venom*, publicado en agosto, dejan claro su gusto por el rosa, aunque ello no signifique que no puedan tener un aguijón venenoso, incorpora el geomungo y kayagum, instrumentos tradicionales coreanos. Para promocionarlo, aparecieron en los VMAs, que fue su debut en una entrega de premios estadounidense, y la primera vez que actuaba una banda de k-pop en esa entrega de premios; recibieron alabanzas pero también críticas al acusarlas erróneamente de hacer *lip-sync*, cosa que sus fans se encargaron de negar. El segundo, *Shut Down*, que se lanzó a la vez que el disco, incluye un sample de un violín de una composición de 1826 de *La Campanella* de Paganini. Mención especial a *Yeah Yeah Yeah*, un trallazo de synth-pop ochentero en la que participan Rosé y Jisoo en la composición. Aparte de sus colaboradores habituales, cabría destacar a Natalia Kills y su marido Willy Moon, que firman el baladón *The Hapiest Girl*.

LA CONQUISTA DEL MUNDO

BLACKPINK lleva cruzando límites y haciendo historia desde que llegó a la escena musical.

DEBUT EN ESTADOS UNIDOS

En febrero de 2019, BLACKPINK debutó en directo en Estados Unidos, el fin de semana de los Grammy, en una fiesta privada de Universal Music, el sello discográfico más importante del mundo. A la cita, acudieron celebridades y directivos de la industria de la música que vieron a las chicas interpretar *Ddu-Du Ddu-Du* y *Forever Young*, un tema de su álbum *Square Up*. El grupo compartió escenario con varios nominados a los Grammy de 2019: Post Malone, J Balvin y Ella Mai. Fue un gran momento para BLACKPINK.

Ese mismo mes, intervinieron en el programa de la televisión estadounidense *The Late Show with Stephen Colbert*. Esa noche, la emisión contó con un invitado sorpresa: el actor de Hollywood Bradley Cooper. BLACKPINK clausuró el programa interpretando *Ddu-Du Ddu-Du* y, más tarde, Colbert se hizo un selfi con el grupo entre bambalinas.

HACIENDO HISTORIA

Las chicas hicieron historia en Estados Unidos al convertirse en el primer grupo femenino de k-pop que participaba en el Coachella, el festival de música y arte que se celebra anualmente en California. Acudieron más de 250.000 espectadores, entre ellos, grandes celebridades y músicos de fama mundial. Ataviadas con vestidos brillantes y conjuntos de dos piezas, que resplandecían bajo las coloridas luces al ritmo de sus movimientos característicos, Jisoo, Jennie, Rosé y Lisa cantaron trece canciones. La producción fue magnífica: el escenario contaba con varias pantallas de distintos tamaños y las chicas aprovecharon los excepcionales medios de que disponían para proyectar prodigiosas imágenes y coloridas letras de algunas de sus canciones, para que el público pudiera corearlas.

Las chicas eran conscientes de la importancia de esta cita, tanto para ellas como para la industria del k-pop. Durante la actuación, Rosé aludió al contraste de culturas entre Estados Unidos y Corea del Sur.

> **«Hemos llegado desde Corea del Sur sin saber muy bien qué podíamos esperar. [...] Vosotros y nosotras pertenecemos a mundos totalmente distintos, pero hoy creo que la música nos une.»**
> — Rosé, 2019

¡PREGUNTA!

¿Con qué canción empezó la actuación de BLACKPINK en el festival de Coachella?

Los Blinks quedaron encantados con la actuación de las chicas, que una pantalla gigante de Times Square en Nueva York retransmitió en directo. Pero no solo los fans les dedicaron excelentes críticas. Un redactor de la revista *NME* escribió un elogioso artículo en el que decía que el histórico debut de BLACKPINK había sido magnífico.

«Después de esta rotunda conquista del Coachella, creo que vamos a oír hablar mucho de BLACKPINK y, a juzgar por lo que hemos visto, no nos sorprendería que, de aquí a unos años, las viéramos encabezar el cartel del festival.»

— Revista *NME*, 2019

Fue realmente estimulante presenciar la irrupción de estos ídolos femeninos y ver como obtenían el reconocimiento internacional que merecían.

COLABORACIONES

En 2019, BLACKPINK colaboró con la cantante y compositora inglesa Dua Lipa en *Kiss and Make Up*, una canción que iba a formar parte del primer álbum de Dua. Esta quería que fuera un trabajo de colaboración, pero no conseguía encontrar al artista adecuado. Cuando conoció a las chicas en un concierto, nació la idea de trabajar juntas.

«La última vez que estuve en Singapur también fui a Seúl, y Jennie y Lisa, de BLACKPINK vinieron al concierto y las conocí. Salimos por ahí y nos entendimos muy bien. Así que decidí enviarles la canción para ver si les interesaba colaborar.»

— Dua Lipa, 2019

Esta canción ayudó a BLACKPINK a llegar a nuevos públicos en todo el mundo. El tema suma más de 230 millones de escuchas en Spotify y fue directamente al número 36 del UK Singles Chart (sencillos más vendidos del Reino Unido). Un resultado que convirtió a la formación en el primer grupo femenino de k-pop que se situaba entre las cuarenta primeras plazas de esta clasificación.

Las chicas expresaron su agradecimiento a Dua por proponerles trabajar juntas. Han dicho que en el futuro sueñan con colaborar con la cantante y compositora norteamericana Billie Eilish y con el rapero y cantante estadounidense Tyga.

COLABORACIONES PROMOCIONALES

Solo tres semanas después de su debut, en 2016, BLACKPINK ya ocupaba el segundo puesto en reputación de marca, por detrás de EXO (otro popularísimo grupo de k-pop), según un estudio del Instituto de Reputación de Empresas de Corea del Sur. El director del laboratorio de investigación dijo que era «la primera vez» que esto sucedía.

Desde entonces, las chicas se han confirmado como uno de los grupos de k-pop más demandados por las marcas comerciales. En mayo de 2017, las BLACKPINK fueron designadas embajadoras de Incheon Main Customs. En los últimos años han promocionado y colaborado con marcas exclusivas como Puma, Reebok, Louis Vuitton, Dior Cosmetics y Sprite Korea.

En noviembre de 2018, las BLACKPINK se convirtieron en embajadoras regionales de marca de un portal de comercio electrónico de Singapur, Shopee. Este acuerdo forma parte de su asociación con YG Entertainment en siete países: Indonesia, Singapur, Malasia, Filipinas, Tailandia, Vietnam y Taiwán.

GIRAS Y ÁLBUMES EN DIRECTO

BLACKPINK ARENA TOUR (2018)

Su primera gira no pasó por Corea, sino exclusivamente por Japón, con cuatro ciudades y ocho conciertos que culminaron en el Kyocera Dome de Osaka. Este concierto se grabó el 24 de diciembre de 2018 y se editó en varios formatos en marzo de 2019, bajo el nombre de *BLACKPINK Arena Tour 2018 "Special Final in Kyocera Dome Osaka"*. Los álbumes representados en la gira fueron el miniálbum *BLACKPINK* y el recopilatorio japonés *BLACKPINK in Your Area*. En los conciertos previos a esta grabación, cada integrante interpretó temas ajenos a la banda, entre los que destacaron *Can't Take My Eyes Off You*, popularizada por Frankie Valli e interpretada por Jennie; *Eyes Closed*, de Halsey, que hizo Rosé; *Lemon*, de N.E.R.D., que bailó Lisa, o *Sakurairo Mau Korode*, de la cantante japonesa Mika Nakashima, que interpretó Jisoo. En su último concierto, sin embargo, introdujeron cambios significativos en estas intervenciones. Por ejemplo, Rosé cantó *Let It Be* de The Beatles y Jennie presentó su primer tema en solitario, *Solo*. En el Blu-ray hay varias actuaciones en las que se puede elegir qué integrante es la protagonista.

IN YOUR AREA WORLD TOUR (2018-2020)

Su primera gira internacional contó con treinta y seis conciertos que las llevaron por cuatro continentes y veitisiete ciudades, desde noviembre de 2018 hasta febrero de 2020. Es la primera gira que las trajo a España, en concreto al Palau Sant Jordi de Barcelona. En esta gira presentaron sus dos *extended plays*: *Square Up* y *Kill This Love*, respectivamente de 2018 y 2019, aunque el repertorio es bastante similar al de su anterior gira. Se editaron dos álbumes: el coreano *BLACKPINK 2018 Tour 'In Your Area' Seoul*, en agosto de 2019, y otro en japonés, *BLACKPINK 2019-2020 World Tour In Your Area - Tokyo Dome*, en mayo de 2020. La etapa norteamericana de la gira arrancó en Los Ángeles, entre medio de los dos fines de semana en que actuaron por primera vez en Coachella.

¡PREGUNTA!

Justo antes de su debut en Coachella,
¿en que lugar de Estados Unidos celebraron un evento sorpresa?

YG PALM STAGE - 2021 BLACKPINK: THE SHOW (2021)

Por culpa de la COVID-19 las chicas no pudieron salir de gira con *The Album*, así que YG creó una serie de conciertos *online* llamados YG Palm Stage, en colaboración con YouTube, para que sus artistas pudiesen promocimnar sus discos en directo. BLANKPINK, cómo no, inauguraron esta iniciativa. El resultado se editó a principios de 2021 en varios formatos, bajo el nombre *BLACKPINK 2021 'The Show' Live*. El concierto original incluye actuaciones en directo y partes pregrabadas, cada una de ellas tiene su momento en solitario: Jennie, con una versión especial de *Solo* con un nuevo rap escrito por ella misma; Rosé presentó su tema *Gone*; y Jisoo y Lisa cantaron *covers* de Tove Lo, *Habits (Stay High)* y de Doja Cat, *Say So*, respectivamente, con nuevas letras adicionales escritas por ellas, aunque por problemas de *copyrights* no se incluyeron en el álbum.

BORN PINK WORLD TOUR (2022-2023)

Su gira más ambiciosa hasta la fecha las tuvo en la carretera prácticamente sin descanso desde octubre de 2022 hasta septiembre de 2023, con 66 conciertos en 22 países, presentando su álbum *Born Pink*. Fue un éxito total, pues se convirtió en la gira con mayor recaudación de la historia de un grupo femenino, superando incluso a las Spice Girls, y eso contando solo los 148 millones de sus conciertos fuera de Asia, que fueron 29 de los 66 totales. Para los conciertos como cabeza de cartel en Coachella y el British Summer Time Hyde Park, renovaron la lista de canciones y la escenografía para adaptarlas a un escenario de mayor envergadura, que también presentaron en sus conciertos en estadios en Francia y Estados Unidos.

ROSÉ

« **Sueña lo imposible cuando puedas hacerlo y disfrútalo.** »

Nombre:
Roseanne Park /
Park Chae-young

Alias:
Rosé, Rosie, Pasta

Fecha de nacimiento:
11 de febrero de 1997

Signo del zodiaco:
Acuario

Lugar de nacimiento:
Auckland, Nueva Zelanda

Altura:
1,68 metros

Estudios:
Canterbury Girls Secondary College,
Australia

Idiomas:
Coreano, japonés, inglés

Primeros pasos profesionales:
En 2012 firmó un contrato de
aprendizaje con YG Entertainment

Incorporación a BLACKPINK:
Fue la última artista en ser anunciada
al público, el 22 de junio de 2016

> «En Australia nunca pensé que pudiera dedicarme a cantar, y mucho menos triunfar como estrella de k-pop... Viviendo tan lejos del país, nunca me lo planteé en serio.»

ROSÉ
ROSÉ
ROSÉ
ROSÉ
ROSÉ
ROSÉ
ROSÉ
ROSÉ

> «Fue mi padre quien comprendió cuánto amaba la música y me dejó ir al *casting*. Antes, la música me gustaba como pasatiempo, pero cuando empecé a comprender que tenía talento, empecé a apasionarme.»

PRIMEROS AÑOS

Roseanne Park, alias Rosé, nació en Auckland, Nueva Zelanda, pero su familia se fue a vivir a Australia cuando ella tenía siete años. Estudió en Melbourne, una educación que incluyó estudios secundarios en el Canterbury Girls Secondary College.

Rosé tiene una hermana, Alice, que es cuatro años mayor que ella y que se parece como dos gotas de agua a... Jisoo, su compañera de grupo. Alice es abogada, como su padre, y su madre es empresaria. Rosé está muy unida a su familia, sobre todo a su madre. Cuando participó en *King of Masked Singer*, un concurso de canto de Corea del Sur, dedicó su actuación a su madre, diciendo que esperaba que se sintiera orgullosa de ella.

Empezó a incubar su pasión por la música cuando entró en un coro de iglesia siendo una niña. Practicó el canto durante toda su infancia, pero siempre lo consideró un pasatiempo, no una posible ocupación profesional.

LOS COMIENZOS

En 2012, Rosé se enteró de que YG Entertainment estaba haciendo *castings* en Sídney y viajó hasta esa ciudad para participar en ellos. Fue idea de su padre, aunque, en un primer momento, Rosé pensó que se trataba de una broma.

La prueba fue satisfactoria: Rosé se clasificó en primer lugar y firmó un contrato de aprendiz con YG Entertainment, con efecto inmediato. Esto la obligó a abandonar la carrera universitaria que estaba cursando en Australia para marcharse a Seúl, Corea del Sur. Fueron cuatro años de aprendizaje los que tuvo que superar antes de alcanzar el estrellato en el mundo del k-pop. Ella ha definido esta época como una de las más difíciles de su vida, pero también como una de las más decisivas.

Rosé, como el resto de los aprendices, tenía que demostrar constantemente su valía a Yang Hyun-suk, el máximo responsable del sello. Al final de cada mes, se celebraban pruebas para las que ella y el resto de los *trainees* debían preparar actuaciones en las que cantaban y bailaban solos y en grupo. Tanto esfuerzo dio sus frutos cuando se anunció su designación como vocalista principal y *lead dancer* (segunda bailarina) de BLACKPINK. Fue la última componente del grupo en ser presentada, pero la espera había valido la pena.

LÍDER DE LA MANADA
En su colegio de Australia, Rosé era animadora, así que es natural que se convirtiera en *lead dancer* del grupo (la segunda bailarina, que también dirige). En directo, sus movimientos destacan sobre los del resto de las chicas y, además de bailar, Rosé, como vocalista principal que es, también alcanza las notas más agudas.

DE LA TIERRA
Rosé es coreana, pero pasó gran parte de su niñez en Melbourne y se siente australiana. Como ella nunca creyó que pudiera triunfar como estrella del k-pop en Occidente, está decidida a ser una inspiración para otros.

«Sueño con volver a mi ciudad algún día y actuar para la gente.»

Su sueño se hizo realidad gracias a la gira mundial In Your Area, en la que pasaron por Australia. En junio de 2019, grandes multitudes de fans australianos dieron a Rosé la bienvenida a casa.

ROSÉ
ROSÉ
ROSÉ
ROSÉ
ROSÉ
ROSÉ
ROSÉ
ROSÉ

¿Sabías que…
la cantante Ariana Grande le envió a Rosé un frasco de 7 Rings, su perfume Cloud? Escribió Rosé en Instagram: «Gracias, Ariana Grande. Es el perfume más bonito del mundo».

CARRERA EN SOLITARIO

MÚSICA

Como el resto de sus compañeras, después de la gira de promoción del álbum *Born Pink*, decidió continuar su carrera en solitario apartada de YG, en su caso, no tan apartada, pues firmó un contrato de *management* con un sello asociado, The Black Label, fundado por el productor principal de BLACKPINK, Teddy, y con Atlantic, subsidiaria de Warner, para la grabación de música. Su primera canción en esta nueva situación fue un *cover* de *Viva la Vida* de Coldplay utilizada en la segunda temporada de *Pachinko*, serie original de Aplle TV +, para el tráiler y el episodio final de la segunda temporada.

Condecorada

En 2024, Rosé fue nombrada Miembro de la Orden del Imperio Británico (MBE) por su activismo contra el cambio climático. La investidura la llevó a cabo el rey Carlos III, junto con las demás integrantes de BLACKPINK, que recibieron la distinción de manera honorífica. Sin embargo, Rosé, al ser neozelandesa, la recibió de manera real.

Álbum sencillo

R (2021)

Todavía bajo el sello YG, el álbum está compuesto por dos canciones que fueron *singles* y se promocionaron con vídeos. La primera, *On the Ground*, se estrenó a la vez que la publicación del álbum en marzo de 2021. Se trata de un tema de dance pop que habla de lo que se siente al ser una estrella del k-pop y de buscar objetivos y aspectos de la vida que realmente importan. El vídeo comienza con la caída de un meteorito y termina con Rosé levitando sobre un campo de rosas. El segundo corte, *Gone,* se promocionó un mes mas tarde, y es una balada de *soft* rock, en cuyo videoclip Rosé recuerda a un antiguo amor.

Sencillos

APT. (2024)

Publicada junto con su compañero de sello, Bruno Mars, en octubre de 2024, el primer lanzamiento con Atlantic y The Black Label supuso un éxito masivo, convirtiéndose en una de las canciones de los años 2024 y 2025. En tan solo cien días, consiguió llegar a los mil millones de reproducciones globales en Spotify, convirtiéndose en la segunda canción que conseguía llegar a esa marca tan rápidamente en la historia de la lista, solo por debajo del otro *megahit* de Bruno Mars junto a Lady Gaga, *Die with a Smile*. El sencillo vídeo, que también ha sido un éxito en YouTube, nos muestra una actuación a cámara rápida de ambos artistas turnándose para tocar la batería, cantar y bailar. La canción también ha sido motivo de retos de coreografía en la plataforma TikTok.

NUMBER ONE GIRL (2024)

El segundo *single* en Atlantic fue una nueva colaboración con Bruno Mars, esta vez solo en la producción y autoría. Rosé quiso escribir una canción que hablase de la imposibilidad de estar siempre al cien por cien después de haber pasado una noche en vela navegando por internet. Musicalmente es una balada a piano y el vídeo clip, dirigido por ella misma, está grabado con un efecto de vídeo *amateur* de VHS en varias localizaciones por la noche.

Álbum

ROSIE (2024)

Su primer álbum fue publicado en diciembre de 2024. Grabado mayoritariamente en su inglés natal, con muchas influencias prestadas del R&B noventero, pero no únicamente, ya que también explora estilos como el pop-punk o el pop alternativo. Contiene una larga y ecléctica lista de colaboradores, como Carter Lang, colaborador habitual de SZA, Omer Fedi o D'Mile, en su lado más urban, pero también Greg Kurstin o The Monsters & Strangerz, en su faceta más popera. El álbum se promocionó, además de con los dos *singles* con Bruno Mars, con la canción *Toxic Till the End*, una canción de power-pop que habla de salir y volver a entrar en una relación tóxica, en lo que se conoce como ciclo de frustración. Se llamó originalmente *The Ex*, su videoclip grabado en la casa Westbury, en Nueva York, narra esa relación tóxica interpretada por Rosé y el actor hawaiano Evan Mock.

La canción *APT.*, que es la abreviatura en inglés de apartamento, es en realidad 아파트, un juego de beber coreano que ROSÉ ha declarado que es su favorito. La cantante hizo un vídeo tutorial, en el que explicaba cómo se juega. Comienza con los jugadores diciendo algo como «¡El juego favorito de [nombre del jugador]! ¡Empieza el juego!», esa persona dice un número, los participantes corean «아파트» varias veces y, después, todos colocan las manos unas encima de las otras y la persona que tiene la mano debajo la coloca encima y empieza contando uno. Cuando se llega al número de apartamento mencionado al principio, la persona que tiene la mano encima debe beber. Al principio de la canción también se oye «채영이가 좋아하는 랜덤 게임 랜덤 게임» que significa «El juego random favorito de Chaeyoung», siendo Chaeyoung su nombre coreano.

ROSÉ HABLA DE LOS SUEÑOS

«Disfruta de tu esfuerzo por hacer realidad tus sueños; no hay nada mejor.»

«Voy a practicar más y voy a convertirme en una cantante estupenda.»

«Tener un sueño es un gran privilegio.

¿QUÉ DICEN DE ELLA LAS CHICAS?

Rosé es misteriosa. Tiene un sentido del humor muy característico y muy celebrado por sus compañeras. Al principio parece tímida, pero le gusta reírse con las bromas de las demás y los Blinks la describen como extrovertida.

JENNIE

«Rosé se pone muy guapa cuando canta y toca la guitarra al mismo tiempo. En Corea del Sur no hay voces tan bonitas como la suya.»

LISA

«Rosé tiene la misma edad que yo ¡y es mi mejor amiga! Cuando estoy con ella, puedo hablar de mis problemas y una parte importante de mí se apoya mucho en ella.»

Le gusta cocinar y una vez dijo: «Cuando como algo muy bueno, se me saltan las lágrimas».

En 2014 compartió con los fans su lista de deseos para la vida. Uno de ellos era bailar con su padre el día de su boda.

No le gusta nada el *jokbal*, un plato coreano con pata de cerdo.

Cree en el poder sanador de la música: «Busco en YouTube música que me gusta o entrevistas con artistas que me gustan. Ver esos vídeos tiene un efecto sanador».

Tiene un talento especial: hablar con la boca cerrada.

DIEZ COSAS QUE DEBERÍAS SABER SOBRE ROSÉ

Tiene aficiones muy variadas: entre ellas, dibujar, tocar la guitarra y montar en bicicleta.

La pizza que más le gusta es la que tiene trozos de piña.

Le gusta ver películas, pero solo las que terminan bien.

Tiene un pez loro de agua dulce que se llama Joo-hwang («naranja» en coreano).

Es cristiana y va a misa.

ENTRE BASTIDORES

BORN PINK MEMORIES

Abreviado como B.P.M., es una serie de vídeos que sigue a las integrantes de BLACKPINK durante su gira Born Pink World Tour. Se llaman crípticamente Roll #1, Roll #2, etc., como si fueran una especie de diario grabado.

A lo largo de los 35 vídeos, aparte de verlas sobre escenarios de todo el mundo, se pueden ver los preparativos: cómo ensayan o el rodaje de los visuales de la gira, así como escenas más costumbristas, como los desplazamientos en miniván o una salida para comer algo. En el Roll #13, se pueden ver imágenes de las chicas recorriendo Barcelona y dándole unas monedas a una música callejera.

¿Dónde lo encuentro?

La lista de reproducción de *B.P.M.* se encuentra en el canal de YouTube de BLACKPINK.

En esta misma plataforma también se pueden encontrar los *BLACKPINK Diaries*, 16 vídeos que muestran su vida detrás de las cámaras. Y también *BLACKPINK House*, donde en 12 episodios ofrecen a los fans la oportunidad de visitar la casa de las BLACKPINK en la que las chicas vivieron juntas. Las vemos enfrascadas en distintas actividades: hacer la colada, limpiar, viajar por el mundo…

BLACKPINK: LIGHT UP THE SKY

Película documental retrospectiva de 2020 en la que se puede ver cómo pasaron de ser unas aprendices de estrellas a convertirse en uno de los grupos femeninos más destacados del planeta bajo el amparo de YG Entertainment.

Ofrece a los fans una mirada más íntima y humana de cada una de las integrantes del grupo, y muestra el duro trabajo y la presión que hay detrás del *glamour* del k-pop.

El documental cubre los años desde la preparación previa a su debut en 2016 hasta la culminación en el festival de música californiano Coachella Valley Music and Arts Festival en 2019.

¿Dónde lo encuentro?
En Netflix.

BLACKPINK: THE MOVIE

Se trata de un documental estrenado en 2021 para celebrar el quinto aniversario del grupo. Es un homenaje a su trayectoria y un regalo especial para sus seguidores.

Muestra algunas de las actuaciones más importantes de The Show (concierto *online* de 2021) e In Your Area (gira mundial de 2018-2020), e incluye también íntimas conversaciones en las que reflexionan sobre su crecimiento a lo largo de los años, su amistad y trabajo en equipo, y lo que significan para ellas los Blinks.

Se estrenó en cines de todo el mundo en agosto de 2021 y formó parte de su «4 + 1 Project» (4 miembros + 1 fandom = 5 años juntos).

¿Dónde lo encuentro?
En Disney+.

LISA

« **Disfruta de la vida a tope.** »

Nombre:
Lalisa Manoban /
Pranpriya Manoban

Alias:
Lisa, Lalice, Laliz, Pokpak

Fecha de nacimiento:
27 de marzo de 1997

Signo del zodíaco:
Aries

Lugar de nacimiento:
Bangkok, Tailandia

Altura:
1,67 metros

Estudios:
Colegio Praphamontree II, Tailandia

Idiomas:
Coreano, japonés, inglés, tailandés,
nociones de chino

**Primeros pasos
profesionales:**
En 2010 firmó un contrato de
aprendizaje con YG Entertainment,
después de pasar una prueba en
Tailandia

**Incorporación a
BLACKPINK:**
Fue la segunda artista en ser
anunciada al público, el 8 de junio
de 2016

> «Lisa ha aprendido distintos estilos de baile. En Tailandia participó en un concurso de baile, To Be Number One, y más tarde estuvo en LG Entertainer como miembro de We Zaa Cool Team.»
>
> — Entrevista con *Hallyu K Star*, 2016

LISA
LISA
LISA
LISA
LISA
LISA
LISA
LISA

> «Lisa es una chica muy alegre, abierta, divertida, y siempre respeta a las personas mayores. Como tiene los brazos y las piernas tan largos, todo lo que se pone le queda bien.»
>
> — Entrevista con *Hallyu K Star*, 2016

PRIMEROS AÑOS

Lisa, cuyo verdadero nombre es Pranpriya Manoban, nació en Bangkok, Tailandia. Más tarde tramitó un cambio de nombre y pasó a llamarse Lalisa, que significa «la alabada», algo que Lisa no supo hasta que acudió a ver a una vidente que le dijo que su nuevo nombre le iba a traer suerte.

El padrastro de Lisa es Marco Bruschweiler, un famosísimo chef suizo que en la actualidad vive en Tailandia, donde dirige una prestigiosa escuela de cocina tailandesa (por eso es toda una *gourmet*). De niña, Lisa fue al colegio Praphamontree II y era aficionada al baile y al rap. Tiene una hermana mayor, que en una entrevista con *Hallyu K Star*, un portal de noticias sobre el mundo del k-pop, habló de cómo Lisa había empezado a participar en concursos de baile desde muy pequeña.

LOS COMIENZOS

Lisa era solo una adolescente cuando se presentó a una prueba para entrar en YG Entertainment con un contrato de aprendizaje. En 2011, YG Entertainment celebró por primera vez un concurso en Tailandia y Lisa presentó un vídeo de baile. La hermana de Lisa ha hablado del derroche de energía, física y mental, que esta hizo para ese difícil *casting*.

Lisa recibió con entusiasmo la noticia de que había quedado primera y que Yang Hyun-suk le ofrecía un contrato de aprendizaje. Un éxito que fue aún más especial para ella cuando supo que era la única persona de Tailandia que iba a ser admitida por la compañía en el año 2011. Ese mismo año, Lisa se trasladó a Corea del Sur para emprender su formación.

Debutó al cabo de cinco años de aprendizaje y, a pesar de ser la *maknae* (el miembro más joven de un grupo de k-pop), su compromiso con su carrera saltaba a la vista. En 2016 se incorporó a BLACKPINK en calidad de *main dancer* (bailarina principal) y *lead rapper* (segunda rapera). Lisa fue la segunda chica en ser anunciada como nueva componente del grupo. Pasaba a ser la primera artista no surcoreana de YG Entertainment.

«Si no somos cuatro, no hay BLACKPINK.»

PRINCESA DE TAILANDIA

En su país, los Blinks la llaman «la princesa de Tailandia» y, de hecho, es la embajadora no oficial de la cultura tailandesa. Jennie suele comentar el hecho de que Lisa siempre conoce los mejores restaurantes que sirven la comida tailandesa más auténtica.

SU AMIGO PELUDO

A Lisa le gustan mucho los gatos, sobre todo su monísimo Leo, al que adora. En febrero de 2019, celebró el cumpleaños del minino publicando en Instagram una tarjeta dedicada a él.

«Cuando acabo mi jornada de trabajo, me voy al apartamento, veo que mi gato me está esperando y soy feliz.»

LISA
LISA
LISA
LISA
LISA
LISA
LISA
LISA

¿Sabías que…

en un vídeo emitido por VLIVE, dijeron que a Lisa la llaman «Lali la Estafadora» por lo mucho que le gusta hacer trampa en los juegos de mesa?

CARRERA EN SOLITARIO

MÚSICA

La integrante tailandesa también relanzó su carrera en solitario tras la gira de 2023, al igual que el resto del grupo. Lisa montó su propia agencia de representación, a la que llamó Lloud, como guiño a su nombre por la doble ele, y firmó un contrato de distribución internacional con el sello RCA. En septiembre de 2023, actuó cinco noches en el prestigioso cabaret parisino Crazy Horse. En marzo de 2025, actuó en la gala de los Óscar con un *medley* de temas de James Bond, junto a Doja Cat y Raye, que interpretaron, respectivamente, *Diamonds Are Forever* de Shirley Bassey y *Skyfall* de Adele, mientras que a ella le tocó *Live and Let Die* de Wings.

Interpretación

Lalisa Manobal, apareció bajo ese nombre en la tercera temporada de la aclamada serie de HBO, *The White Lotus*, que trascurre en un *resort* en Tailandia, e interpreta a una gurú de la salud que sirve de apoyo a los huéspedes.

Álbum sencillo

LALISA (2021)

Antes de montar su propio sello, en septiembre de 2021, publicó este álbum de dos canciones con YG y los principales colaboradores de BLACKPINK. El primer sencillo, *Lalisa*, es una canción que mezcla hiphop y EDM, y se promocionó al mismo tiempo que el álbum. Está inspirado en sus raíces tailandesas, tanto en la composición como en el vídeo, en el que Lisa luce un intrincado conjunto de inspiración de su país natal en una escena en la que se sienta en un trono minuciosamente esculpido. El segundo tema, *Money*, es un tema de hiphop que se presentó primero con un vídeo de coreografía. Tras su éxito en las listas globales y estadounidenses, se lanzó a radios y se rodó un vídeo que se presentó un mes más tarde.

Sencillos

SG (2021)

Es una canción de moombahton y trap del productor francés DJ Snake, en la que colaboran, junto a Lisa, el cantante puertorriqueño Ozuna y la rapera estadounidense Megan Thee Stallion. Fue lanzada en octubre de 2021 y su título es un acrónimo de Sexy Girl.

ROCKSTAR (2024)

Es el primer *single* publicado en su nuevo sello. Lisa quería que los oyentes lo identificaran enseguida como una de sus canciones y que tuviese unos visuales y una coreografía impactantes. La canción, en la que participa Ryan Tedder de OneRepublic, tiene una base de hiphop y hyperpop, y termina incorporando un sample de *New Person, Same Old Mistakes* de Tame Impala.

NEW WOMAN (2024)

Segundo *single* de su nueva etapa, en esta ocasión, junto con Rosalía y producido por el superproductor sueco Max Martin e Ilya. En la composición participa la también sueca Tove Lo, e incorpora una base que recuerda al *Buffalo Stance* de la también sueca Neneh Cherry. Es un himno feminista con reminiscencias del dance pop de principios de este siglo y con un estilo más trapero en la parte de Rosalía. El vídeo refuerza esa estética dosmilera y empieza con unos móviles plegables plateados propios de esa época.

MOONLIT FLOOR (KISS ME) (2024)

El tercer *single* es un tema de nu-disco en el que participa la canadiense Jessie Reyez. El estribillo se basa en el tema *Kiss Me* de Sixpence None the Richer, sobre todo en la forma de entonar las palabras «so kiss me». Se utilizó un sencillo vídeo para promocionar la canción, en el que se ve a la artista ensayando en un *loft* y que después continúa en un local vacío.

BORN AGAIN (2025)

A escasas semanas de la publicación del disco, se estrenó este *single* colaborativo de disco pop con Doja Cat y Raye. La canción utiliza un lenguaje espiritual y bíblico para describir el renacimiento emocional que se produce tras abandonar una relación perjudicial. La parte de Doja Cat incluye frases como: «Has mordido la fruta y ya no puedes echarte atrás», en referencia a la historia del jardín del Edén, para ilustrar la traición y la autorrealización. RAYE también se suma al tema del empoderamiento con: «Sazonada como la canela, así es como me deshago de él», enfatizando el acto de seguir adelante con confianza y estilo. Musicalmente, se caracteriza por sus elementos disco y electropop, que añaden una base enérgica que complementa los temas de empoderamiento y renovación de la canción. La colaboración entre Lisa, Doja Cat y RAYE reúne diversos estilos vocales, lo que realza la calidad dinámica de la canción.

Álbum

ALTER EGO (2025)

Su primer álbum, publicado a finales de febrero de 2025, contiene los tres *singles* publicados en 2024, además de *Born Again* y el *single* que sacó al mismo tiempo que el disco, *Fxck Up the World* (con Future). Aunque la canción con Raye y Doja Cat abre el disco en su versión para plataformas, no aparece en la versión física y esta reemplaza al último single, además de *Rapunzel* (con Megan Thee Stallion), con sus versiones sin colaboradores: *Fxck Up the World (Vixi solo version)* y *Rapunzel (Kiki solo version)*, que también aparecen como *bonus tracks* en la versión digital. El álbum conceptual muestra a Lisa con sus cinco alteregos: Roxi, estrella del rock; Kiki, con su estética dosmilera; Sunni, una mujer francófona de espíritu libre; Vixi, la antagonista de la película, y Speedi, amante de la velocidad y de los coches. Para su presentación en el Coachella de 2025, dividió el espectáculo en cinco actos, cada uno de los cuales tenía como protagonista a un alterego. Estos actos empezaban eligiendo un avatar en un videojuego.

REFLEXIONES DE LISA

«Sé tú misma, ten confianza en ti, muéstrales todos tus encantos.»

«Diviértete y vive la vida.»

«Cuando estoy nerviosa, me animo diciéndome: "Voy a hacerlo bien, yo puedo".»

¿QUÉ DICEN DE ELLA LAS CHICAS?

De Lisa suelen decir que es la «pastilla de la felicidad» del grupo. Es divertida y traviesa, y pone unas «caritas monas» estupendas.

JISOO

«Se despierta, se pone a comer chocolatinas y patatas fritas junto a su cama y se vuelve a dormir.»

ROSÉ

«Lisa es tan guapa que me da miedo ponerme a su lado y que me comparen con ella. Es majísima. A veces es revoltosilla y siempre está contenta.»

Habla cuatro idiomas: coreano, inglés, japonés y su lengua materna, tailandés.

Siente un profundo desagrado por la gente maleducada. Ella siempre intenta ser amable con todo el mundo.

Su flor favorita es la rosa rosa.

Si pudiera ser una princesa Disney, sería Rapunzel.

Se pasa el día comiendo entre horas en su habitación. Reconoce que le da pereza ir a la cocina. ¡Así que tiene una mininevera en su cuarto!

DIEZ COSAS QUE DEBERÍAS SABER SOBRE LISA

En 2019 fue presentada como la musa de Hedi Slimane, el actual director artístico de la marca de alta costura francesa Céline.

Sueña con montar un restaurante tailandés algún día, porque le entristece el hecho de que «la gente no sepa lo buenos que son los fideos de arroz tailandeses».

Le gusta el número 27 porque es el día de su cumpleaños.

Si ganara un millón de dólares, viajaría por el mundo.

Fue el primer ídolo femenino de k-pop que alcanzó la cifra de dos millones de *likes* en 48 horas por una entrada colgada en las redes sociales.

CRONOLOGÍA

Repasamos los momentos clave de la historia de BLACKPINK.

2010-2012

♥ **Agosto de 2010:** Jennie firma un contrato de aprendizaje con YG Entertainment.

♥ **Abril de 2011:** Lisa firma un contrato de aprendizaje con YG Entertainment, después de triunfar en los *castings*. Es la primera vez que YG recluta a una artista no surcoreana.

♥ **Julio de 2011:** Después de que un agente de *casting* se fije en ella durante un concierto de YG Entertainment, Jisoo firma un contrato de aprendizaje con esta compañía.

♥ **Mayo de 2012:** Rosé firma un contrato de aprendizaje con YG Entertainment.

2016

♥ **29 de junio:** YG Entertainment anuncia la composición definitiva del grupo y el nombre: BLACKPINK.

♥ **8 de agosto:** Se publica el *single album* de debut del grupo, *Square One*. Los dos sencillos del disco llegan a la primera y segunda plazas de la World Digital Song Sales Chart (lista de canciones internacionales más descargadas) de *Billboard*. BLACKPINK es la marca musical que menos tiempo ha necesitado para conseguir esto y la tercera marca surcoreana que se hace con los dos primeros puestos.

♥ **14 de agosto:** El programa *Inkigayo*, del canal SBS, emite la primera actuación de BLACKPINK, un logro con el que baten el récord del grupo femenino que menos tiempo ha tardado en ganar un concurso musical.

♥ **1 de noviembre:** BLACKPINK publica su segundo sencillo, *Square Two*, con *Playing with Fire* y *Stay* como primeros sencillos. *Playing with Fire* pasa a ser el segundo de los sencillos del grupo que se sitúan en cabeza de la lista de canciones más descargadas.

2017

♥ **17 de enero:** Las BLACKPINK ponen nombre a su club de fans: «Blink», una combinación de las palabras «black» y «pink».

♥ **5 de mayo:** las BLACKPINK se convierten en embajadoras de Incheon Main Customs en Corea del Sur.

♥ **22 de junio:** BLACKPINK lanza un sencillo digital que lleva por título *As If It's Your Last* y que en un solo día alcanza el número uno de la lista de canciones internacionales más descargadas (World Digital Song Sales Chart) publicada por *Billboard*. Es el tercer éxito que el grupo coloca en cabeza de este *ranking*. El vídeo de la canción acaba batiendo el récord del vídeo de un grupo femenino de k-pop que más gusta en YouTube.

♥ **20 de noviembre:** BLACKPINK ofrece un *showcase* (concierto de presentación) en el estadio Nippon Budokan de Tokio. Reúnen a más de catorce mil espectadores, después de que, según se dice, alrededor de doscientos mil hayan intentado conseguir entradas.

2018

♥ **15 de junio:** BLACKPINK lanza su primer maxisingle, *Square Up*. El single *Ddu-Du Ddu-Du* va directamente al número 17 de la lista oficial de tendencias del Reino Unido, lo que convierte a BLACKPINK en el primer grupo femenino de k-pop que logra introducirse en este *ranking*.

♥ **21 de junio:** *Ddu-Du Ddu-Du* prosigue su escalada. El sencillo entra en los Hot 100 de *Billboard* como el tema de grupo femenino de k-pop mejor situado en la historia. Entra en el número 55, con 12,4 millones de escuchas en Estados Unidos y siete mil descargas.

♥ **28 de julio:** En un estudio realizado por el Instituto Coreano de Reputación de Empresas, BLACKPINK se sitúa en primer lugar en reputación de marca.

♥ **19 de octubre:** BLACKPINK colabora con la cantante inglesa Dua Lipa en *Kiss and Make Up*, un tema que llega a situarse en el número 36 del UK Singles Chart. Este éxito las convierte en el primer grupo femenino de k-pop y en la tercera marca musical de todo Corea del Sur que se introduce en el top 40 de la lista.

2019

♥ **21 de enero:** El videoclip de *Ddu-Du Ddu-Du* se convierte en el vídeo musical de un grupo de k-pop más visto de YouTube, con 620,9 millones de visitas.

♥ **9 de febrero:** BLACKPINK debuta en directo en Estados Unidos actuando en el Grammy Artist Showcase del Universal Music Group.

♥ **28 de febrero:** BLACKPINK es el primer grupo femenino de k-pop que ocupa la portada de la revista *Billboard*.

♥ **5 de abril:** Se edita el segundo *maxisingle* del grupo, *Kill This Love*. El sencillo *Kill This Love* llega a alcanzar el número dos en Corea del Sur y se convierte en la canción de una banda femenina surcoreana mejor colocada en las listas de Estados Unidos. También es el vídeo de un grupo de k-pop que más rápido alcanza la cota de los cuatrocientos millones de visitas en YouTube (ahora tiene más de quinientos millones). Además, la canción aparece en un videojuego de baile de 2019, *Just Dance*.

♥ **12 de abril:** BLACKPINK, primer grupo femenino de k-pop invitado al festival de Coachella.

¿Sabías que...

en 2019, las BLACKPINK actuaron en el Coachella en horario de máxima audiencia y aparecieron en segunda posición en el cartel del festival?

2020

♥ **22 de febrero:** BLACKPINK clausura su gira mundial 2019-2020, In Your Area, con un épico concierto ofrecido en Fukuoka, Japón.

♥ **4 de mayo:** Después de unos meses de reposo, YG hace un comunicado de que las chicas reaparecerán en junio.

♥ **28 de mayo:** Un día antes de la publicación del álbum *Chromatica* de Lady Gaga, se lanza en radio su colaboración con BLACKPINK con el tema *Sour Candy*.

♥ **26 de junio:** Se publica el primer *single* de su primer álbum coreano *How You Like That*, que rompió varios *records* en YouTube.

♥ **23 de julio:** Colaboran con ZEPETO para lanzar un evento virtual de firmas de fans.

♥ **28 de agosto:** Publicación del segundo *single*, *Ice Cream*, en colaboración con Selena Gomez, ganó popularidad en todo el mundo y llegó al número 13 en la lista Billboard Hot 100.

♥ **8 de septiembre:** Sale el tráiler del documental de Netflix *BLACKPINK: Light Up the Sky*.

♥ **2 de octubre:** Lanzan su primer álbum de larga duración, titulado *The Album*, con canciones como *Lovesick Girls*, *Pretty Savage*, *Bet You Wanna* (con Cardi B) y *singles* publicados anteriormente. Debutó en el número 2 de la lista Billboard 200.

♥ **14 de octubre:** Estreno del documental de Netflix *BLACKPINK: Light Up the Sky*, que ofrece a los fans una mirada de su trayectoria y crecimiento.

2021

♥ **31 de enero:** Celebran su primer concierto *online*, titulado The Show, en YouTube.

♥ **Marzo:** Anuncio del desarrollo del juego *BLACKPINK: The Game*.

♥ **12 de marzo:** Rosé lanza su álbum sencillo en solitario *R*. Récord de ventas de la primera semana para una solista coreana.

♥ **Junio:** Se asocian con la Conferencia de las Naciones Unidas sobre el Cambio Climático (COP26) para concienciar sobre cuestiones medioambientales.

♥ **4 de agosto:** Celebran su quinto aniversario con el «4+1 project».

♥ **8 de agosto:** Estreno de la película especial de aniversario *BLACKPINK: The Movie*, proyectada en cines de todo el mundo.

♥ **Agosto:** Jisoo comienza a rodar el K-drama *Snowdrop*, su primer papel importante como actriz.

♥ **10 de septiembre:** Lisa lanza su álbum sencillo en solitario *Lalisa*, que bate récords en YouTube y entra en las listas de éxitos de todo el mundo.

♥ **5 de noviembre:** Lisa interpreta *Money* en *The Tonight Show Starring Jimmy Fallon*.

♥ **18 de diciembre:** *Snowdrop* se estrena en JTBC un Corea del Sur y en Disney+ en varias partes del mundo.

2022

♥ **6 de julio:** Después de un período de calma en el que se dedicaron a sus compromisos como embajadoras de marcas de lujo, YG confirmó que BLACKPINK se encontraba en las fases finales de la grabación de un nuevo álbum.

♥ **31 de julio:** Publicación de un tráiler en sus redes anunciando el nuevo *single* en agosto, el álbum, en septiembre y la gira, en octubre.

♥ **19 de agosto:** Lanzamiento de *Pink Venom*, el single de regreso. Bate récords en YouTube.

♥ **28 de agosto:** Actuación en los MTV VMA 2022, convirtiéndose en el primer grupo femenino de k-pop en hacerlo.

♥ **16 de septiembre:** Lanzamiento de su segundo álbum, *Born Pink*. Debuta en el n.º 1 de la lista Billboard 200, convirtiéndose en el primer grupo femenino de k-pop en conseguirlo. Junto con el álbum se publicó el segundo sencillo, *Shut Down*.

♥ **15 de octubre:** Comienza la gira Born Pink World Tour en Seúl. La mayor gira mundial de un grupo femenino de k-pop. Incluyó paradas en Norteamérica, Europa, Asia, Oceanía y Oriente Medio.

2023

♥ **10 de enero:** Anuncio de su participación en el festival Coachella en abril.

♥ **25 de enero:** Actúan en Le Gala des Pièces Jaunes en París, un concierto benéfico organizado por la primera dama francesa, Brigitte Macron.

♥ **Marzo:** Anuncio de su actuación en el BST Hyde Park de Londres en julio.

♥ **15 y 22 de abril:** Hacen historia al convertirse en el primer grupo de k-pop que encabeza Coachella. Actuaron los dos fines de semana. La escenografía, la coreografía y las voces en directo recibieron muchos elogios.

♥ **2 de julio:** Se convierten en cabezas de cartel del British Summer Time Hyde Park, siendo la primera banda asiática en lograrlo.

♥ **16 y 17 de septiembre:** Como cerrando el círculo, la gira BORN PINK concluye con un gran final de dos días en Seúl. La gira se convirtió en la gira mundial con más recaudación de un grupo femenino, no solo de k-pop, sino de cualquier otra procedencia.

♥ **6 de diciembre:** Otro momento histórico para las chicas, pues son nombradas Miembros Honorarios de la Orden del Imperio Británico (MBE) por su labor de promoción de causas medioambientales por el rey Carlos III, en una ceremonia celebrada en el Palacio de Buckingham.

♥ **29 de diciembre:** YG Entertainment confirma que BLACKPINK renueva su contrato de grupo, pero no los contratos individuales, lo que significa que las integrantes continuarían las actividades de grupo con YG mientras gestionaban sus carreras en solitario de forma independiente.

Tras la gira Born Pink World Tour, las actividades del grupo se suspendieron para que las chicas pudiesen explorar nuevas vías en sus carreras en solitario. Hasta julio de 2025, con el comienzo de una nueva gira.

K-BEAUTY

Para mantener la salud y la belleza de su cutis, Jisoo, Jennie, Rosé y Lisa siguen una rutina de cuidado facial de ocho pasos por la mañana y de diez por la noche.

El proceso es bastante largo, pero la clave de esta clase de tratamientos faciales típicos de Corea del Sur está en la superposición de distintas capas de productos nutritivos. Cada paso cumple una función que contribuye a mantener la piel luminosa e hidratada.

Rutina matutina BLACKPINK

Paso 1: Lavarse la cara con agua

A primera hora de la mañana, la piel se lava con agua, eliminando las impurezas que se depositan durante la noche.

Paso 2: Tónico

Para tener una piel luminosa e impecable es imprescindible hidratarla. Sin tonificar, el cutis puede resecarse y deshidratarse. Los tónicos también sirven para equilibrar los niveles de pH de la piel.

Paso 3: Esencia

Una esencia es un cruce entre un tónico y un sérum. Lo mejor para hidratar y rejuvenecer la piel.

Paso 4: Ampolla

Una ampolla es un sérum superpotente, con una mayor concentración de ingredientes activos. Es perfecta para los momentos en que la piel entra en crisis: una ampolla le da a la epidermis el estímulo que necesita.

Paso 5: Sérum

El sérum ataca problemas cutáneos específicos, como una piel deshidratada o apagada y con aspecto fatigado.

Paso 6: Crema de ojos

Este producto sirve para proteger e hidratar la delicada zona que rodea los ojos. También reduce la hinchazón que puede producirse en torno a ellos y que puede ser debida a la falta de sueño.

Paso 7: Crema hidratante

Para mantener la hidratación todo el día, extenderemos por todo el cutis una capa fina de crema hidratante calmante.

Paso 8: Protector solar

Protege el rostro de los rayos UV, que pueden generar manchas oscuras y arrugas.

Rutina nocturna
BLACKPINK

Jisoo, Jennie, Rosé y Lisa dejan que cada producto se absorba por completo entre paso y paso y tratan su cutis con un cuidado exquisito. Las chicas saben que es importante elegir sustancias con ingredientes adecuados para su tipo específico de piel y, como el de cada una es distinto, utilizan una amplia gama de productos.

Paso 1: Limpiador a base de aceite

Este producto sirve para eliminar la suciedad acumulada y el maquillaje que cubre el rostro.

Paso 3: Exfoliante

Con un exfoliante enzimático suave se eliminan las células muertas. Las chicas solo ejecutan este paso dos veces por semana, porque una exfoliación excesiva puede castigar la piel.

Paso 4: Tónico

Debemos tonificar por la mañana y por la noche, porque el tónico aporta una base hidratante que prepara a la piel para lo que vamos a aplicar sobre ella.

Paso 2: Limpieza doble

Los limpiadores a base de agua eliminan con suavidad los restos de aceite y las impurezas de agua que se hayan acumulado durante el día.

Paso 6: Ampolla

Una segunda ampolla antes de acostarse sirve para ayudar a reafirmar e hidratar la piel de aspecto cansado y para aportar hidratación y luminosidad.

Paso 7: Sérum

Un sérum facial reparador aplicado por la noche equivale a una piel luminosa y radiante por la mañana.

Paso 5: Esencia

Añadida después del tónico, la esencia aporta otra capa de hidratación previa a la aplicación del sérum.

Paso 8: Mascarilla hidratante

Para mantener la piel hidratada y suave, las chicas siempre se ponen mascarilla hidratante antes de irse a la cama.

Paso 9: Crema de ojos

Con una nueva capa de crema de ojos, esta delicada zona continuará protegida e hidratada. Las cremas de ojos también ayudan a eliminar las ojeras.

Paso 10: Crema hidratante

La noche es el momento en que la piel se renueva, y aplicar una crema hidratante antes de acostarse da como resultado una piel más suave e hidratada al día siguiente.

Peinados
BLACKPINK

Desde que debutaron, las BLACKPINK se han acostumbrado a revolucionar a sus fans con sus creativos y memorables peinados. Estos son algunos de los mejores que han lucido a lo largo de los años.

LA MELENA RUBIA DE JENNIE

En 2019, Jennie cambió su característica melena oscura por un rubio a lo Barbie. Lució su nuevo *look* en el vídeo de presentación de *Kill This Love*, en el que mira a cámara entre mechones de ondeante cabello claro.

Un cambio drástico, porque hasta entonces Jennie siempre había sido morena en mayor o menor grado. Había experimentado con extensiones moradas, e incluso a veces con mechas rubias, pero era la primera vez que apostaba por un platino completo.

LISA Y SUS CONTINUOS CAMBIOS DE COLOR

Su corte de pelo no ha experimentado grandes cambios desde su debut, pero Lisa se divierte con su cabello y mantiene la novedad jugando con los cambios de color.

Lisa ha pasado del negro al rosa y al amarillo fluorescente, pero uno de sus *looks* más extremos fue la mezcla de azul pastel y plateado que aplicó a su flequillo en una ocasión. Un *balayage* de mechas glaciales que resultó la inspiración perfecta para los meses de invierno.

Y el color de su pelo, sea cual sea, siempre combina a la perfección con sus atuendos.

ROSÉ Y SUS BONITAS TRENZAS

Rosé es distinta de sus compañeras. Mientras estas cambiaban de peinado continuamente –que si flequillo, que si trenzas, que si *bob*, que si coletas–, Rosé se ha mantenido fiel a su característica melena suelta. Un estilo bonito, elegante y muy adecuado para la vocalista principal de la banda. Sin embargo, en 2018 Rosé sorprendió a sus Blinks con un atrevido estilismo: cuando el grupo interpretó *Forever Young* en *Show! Music Core*, Rosé salió al escenario luciendo unas trenzas boxeadoras. Los Blinks se mostraron entusiasmados con esta nueva y estilosa propuesta, y están deseando comprobar si la artista se anima a seguir experimentando con su pelo.

JISOO Y SU LOOK DE PRINCESA

A lo largo de los años, Jisoo ha lucido tonos capilares suaves y oscuros, sobre todo castaños, negros y rojos. Estos intensos y sombríos colores se convirtieron en su seña de identidad. Pero en 2017 apostó por una mayor viveza y sorprendió a sus Blinks tiñéndose el cabello de color púrpura. Este nuevo estilo estaba destinado a promocionar *As If It's Your Last*. Era la primera vez que Jisoo lucía melena morada desde los inicios del grupo. Muchos Blinks aplaudieron esta imagen de princesa encantada que, dijeron, parecía sacada de un cuento de hadas. Una opinión que se reafirmó cuando Jisoo se dejó ver con una tiara y una corona de flores.

Estilismo sensacional

Las BLACKPINK trabajan con la misma estilista, Choi Kyung-won, desde que debutaron en 2016. Choi habló de la imagen del grupo en una entrevista que concedió a *WWD* en 2018. Su visión para el grupo era muy atrevida: quería marcar un hito estilístico y que el *look* de las chicas se convirtiera en una referencia en la moda femenina de Corea del Sur.

Su pasión por la moda es evidente, ya que se desempeñan como embajadoras de varias marcas y son frecuentemente vistas en anuncios publicitarios a nivel mundial. Esta faceta de su carrera ha sido fundamental para consolidar su imagen pública.

BLACKPINK, una referencia

Si quieres vestirte al estilo BLACKPINK, piensa en moda de lujo con un punto *prêt-à-porter*. Nunca antes las exquisitas creaciones de Alexander McQueen, Balenciaga y Charles Jeffrey Loverboy habían vestido a los miembros de un grupo femenino de k-pop. Pero estas chicas las llevan con tanta naturalidad como si fueran marcas de franquicia media.

BLACKPINK fue el primer grupo femenino de k-pop que combinó moda de lujo con sellos *prêt-à-porter* japonés *underground*. Como las chicas marcan tendencia en Corea del Sur —de la falda de uniforme escolar al cinturón *diamanté*—, a nadie puede extrañarle que se hable de ellas como la encarnación de la moda femenina.

¡PREGUNTA!

¿Qué miembro de BLACKPINK se cambia de modelo veintidós veces en un videoclip de tres minutos?

Respuesta: Jennie en su canción *Solo*. ¡Toda una fashion queen!

JISOO

Aficionada a los colores vivos, en un *post* promocional para Adidas publicado en 2018, Jisoo defendió airosamente una combinación de verde pastel y rosa fluorescente. Le gusta probar nuevos accesorios y siempre lleva pendientes con brillantes, pulseras geométricas y manicura con motivos florales. El estilo de Jisoo es amable y femenino, y los Blinks la conocen como «Miss Corea». Dior y Cartier son las marcas que promociona.

Según *Vogue Korea*, Jennie, por su afición a las marcas de lujo, es la «Chanel humana» del grupo. Nada hay más Chanel que sus emblemáticas prendas *tweed*, justo las que lució Jennie en la presentación de la colección primavera-verano 2019 de la marca. Además de otros bolsos de marcas de lujo clásico, Jennie suele dejarse ver con su modelo Chanel 2.55. Es embajadora de Hera, aparte de Chanel.

JENNIE

ROSÉ

Rosé cultiva una imagen sencilla, que la convierte en el icono de moda más cercano del grupo. Apuesta por el minimalismo y un estilo clásico basado en prendas lisas de colores básicos y accesorios mínimos. Pero los estampados y los motivos florales tampoco la asustan, aunque suele reservarlos para los vídeos musicales y los directos. Y cuando los lleva, sigue inclinándose por lo clásico. Está contratada por Yves Saint Laurent y Tiffany & Co.

Lisa tiene un estilo algo extremo, pero siempre ajustado a las últimas tendencias. Asidua de las alfombras rojas, en esta clase de escenarios suele combinar su propio estilo con un accesorio llamativo. A Lisa le gusta todo lo *oversize* (holgado), desde los vaqueros y los jerséis hasta los abrigos o sus enormes zapatillas de deporte. Como se pudo comprobar en el vídeo de *Lalisa*, su patrocinio es con Celine.

LISA

EL TEST DECISIVO

Ha llegado el momento de poner a prueba tus conocimientos con el test decisivo. ¿Conoces lo suficiente a las BLACKPINK para responder a las veinte preguntas que siguen? Descubre hasta dónde llega realmente tu pasión por el grupo consultando las respuestas en la página 60.

1. Cuando las chicas acudieron al programa de Brooke Reese, de Apple Music, en 2019, ¿qué tres artistas nombraron como aquellos con los que más les gustaría trabajar?

   ....

2. Jennie presumía de poseer un talento especial hasta que esto quedó desmentido. ¿De qué talento hablamos?

   ....

3. ¿Cuándo se publicó el segundo sencillo de BLACKPINK, *Square Two*?

   ....

4. ¿Cuál de las chicas fue la primera artista femenina de k-pop en alcanzar el número de veinte millones de seguidores en Instagram?

   ....

5. ¿Cuál es el pokémon favorito de Jisoo?

   ....

6. ¿En qué país ofreció el grupo su primer *showcase* (concierto de presentación)?

   ....

7. ¿Cuál es el signo del zodiaco de Jennie?

   ....

8. ¿Con qué canción abrieron su actuación las BLACKPINK en el festival de Coachella 2019?

   ....

9. ¿A qué tema pertenecen las siguientes frases: «Como las llamas que queman sin ruido, espero que me beses como si fuera la última vez»? ¿Y quién las canta?

   ....

10. ¿Qué dúo colgó una foto con tres de las chicas y el pie «Anoche nos enamoramos 3 veces»?

....

11. ¿A qué chica pillaron jugando con una botella de agua sobre su hombro en los Premios de la Música de Seúl?

....

12. En el vídeo de *Boombayah*, ¿cuál de las chicas hace una pompa de chicle?

....

13. En una entrevista con la revista *Zipper*, ¿con qué palabra definió Rosé su personalidad?

....

14. ¿A qué se dedica Lisa en sus días libres?

....

15. ¿Qué canción le gusta más cantar a Lisa en versión karaoke?

....

16. En el programa de variedades *Weekly Idol*, ¿a quién dijo Rosé que le recordaba el presentador, Jeong Hyeong-don?

....

17. ¿Cuál de las chicas habla más idiomas?

....

18. En una entrevista con *Billboard*, las chicas jugaron a «¿Conoces bien a tus compañeras de grupo?». ¿A cuál de ellas eligieron por votación como aquella más proclive a hacerse selfis?

....

19. ¿Cuál de las chicas recibió una propuesta de matrimonio cuando se encontraba actuando en directo?

....

20. ¿A qué canción pertenecen los siguientes versos: «I'm so bad at this, won't you set me free» [«Esto no se me da bien, déjame ir»]? ¿Y cuál de las chicas los canta?

....

EL FUTURO

Después de una pausa de dos años centrada en proyectos en solitario, BLACKPINK aununcian oficialmente su gira mundial de estadios para 2025. La gira recorre las principales ciudades de Asia, Europa y Norteamérica, inicialmente en 13 conciertos. Debido a la gran demanda, se añadieron cinco nuevas fechas casi al instante. El concierto de París se agotó en una hora y para el de Londres quedaban muy pocas entradas, por lo que se añadieron fechas extras para cada uno de estos lugares, lo mismo ocurrió en Norteamérica, en Nueva York

«Múltiples fuentes internas apuntan a un regreso en junio de 2025 con el primer álbum de BLACKPINK en casi tres años, que se lanzará antes de la gira mundial.»
– Pinkvilla, abril 2025

y Los Ángeles además de en Toronto. Otros lugares donde aterrizan es en España, en el Estadi Olímpic Lluís Companys de Barcelona. La gira empieza en julio en Corea del Sur y la última parada es en enero de 2026 en el Tokyo Dome.

Por lo que el futuro de BLACKPINK está entrando en un nuevo y emocionante capítulo, uno que equilibra tanto la evolución como la continuidad. Después de años dominando las listas mundiales, agotando las entradas en estadios de todo el mundo y redefiniendo lo que significa ser un grupo de k-pop, BLACKPINK no se está disolviendo, simplemente se está transformando.

Cada miembro ha tomado el control de su carrera en solitario, saliendo al mundo con más libertad creativa que nunca. Jisoo es la que está más centrada en la interpretación, Jennie y Lisa son ya estrellas internacionales y Rosé tiene una de las canciones del año, pero es muy pronto para saber

RESPUESTAS DEL TEST

1. Billie Eilish, Tyga, Halsey
♥
2. Comer sin hacer ruido
♥
3. 1 de noviembre de 2016
♥
4. Lisa
♥
5. Pikachu
♥
6. Japón
♥
7. Capricornio
♥

8. *Ddu-Du Ddu-Du*
♥
9. *Forever Young*, Jisoo
♥
10. The Chainsmokers
♥
11. Jisoo
♥
12. Jennie
♥
13. Sensible
♥
14. A dormir
♥

15. *You Belong With Me*, de Taylor Swift
♥
16. A su padre
♥
17. Lisa: habla cinco idiomas
♥
18. Jisoo
♥
19. Jennie
♥
20. *As If It's Your Last*, Rosé
♥

que les deparará el destino tanto en solitario como en grupo.

Esta dualidad de permanecer juntas y, a la vez, crecer por separado es poco común en el mundo de la música pop. BLACKPINK se está convirtiendo esencialmente en lo que se conoce como un «supergrupo», en el que cada miembro es una potencia en sí mismo, pero aun así se une para crear algo mejor que la suma de sus partes. Aunque sus actividades en grupo puedan ser menos frecuentes que antes, cuando sucedan serán monumentales: lanzamientos sorpresa, giras mundiales o proyectos especiales de aniversario.

Más allá de la música, BLACKPINK ya es una fuerza cultural en auge. Son un elemento fijo en la primera fila de todas las semanas de la moda importantes, embajadoras de las principales marcas de lujo y creadoras de tendencias. Su influencia no hará más que crecer. Ya sea actuando en festivales internacionales o protagonizando películas o series, BLACKPINK está marcando el camino a seguir para **la próxima generación de artistas** globales.

Entonces, ¿qué le espera al grupo en el futuro? La respuesta es: todo. El futuro no será más de lo mismo, sino que será más grande, más audaz y con experiencias más personales. Y en el centro de todo seguirá estando el vínculo que comparten estas cuatro artistas que han cambiado el mundo a su manera.

¿Sabías que…

las BLACKPINK estuvieron nominadas al título de Superestrella más Popular del Verano de 2019 concedido por MTV? Otros nominados fueron el grupo BTS, Ariana Grande y Taylor Swift.